Manual
Del escolta
Privado de
Personas

Rafael Darío Sosa González

Colección Seguridad Privada
Securityworks
Protección Integral

CONTENIDO

INTRODUCCIÓN

El presente manual se constituye en una guía en el desempeño como Escoltas en las Empresa de Seguridad Privada, o en un Departamento de Seguridad, así como las generalidades del servicio que nuestra empresa presta a terceros llamados clientes.

Adicionalmente, se persigue busca que las actividades de protección que se llevan a cabo en las diversas modalidades de servicio de Escolta: A personalidades personas muy importantes (V.I.P), de Mercancías, de Valores, entre otras. Las cuales se prestan a los diferentes tipos de clientes, se realicen a través de procedimientos debidamente implementados, para cada una de las acciones que se requieran en relación con el Servicio que desempeñan.

Está Implementación de Procedimientos, nos permitirá reducir el riesgo lo más bajo y reducirá los costos que implican un ataque, bien sea: Secuestro, robo, hurto, asesinato o extorción. Tras un reentrenamiento continuo y el cuidado de no caer en la rutina, en el desempeño diario.

La manera más acertada de prevenir cualquier atentado es adelantarse a la amenaza y neutralizar el intento aun en la fase más temprana, es anticiparse al enemigo tomando medidas preventivas. La Alerta debe estar a disposición, para el rompimiento de la rutina, y pueden evitar efectivamente que se cumpla su cometido.

Conforme a lo expresado anteriormente, se constituye también es una guía para conocer las generalidades de nuestro trabajo, para evitar en la medida de lo posible las: Los riesgos, vulnerabilidades, amenazas, infiltraciones, ATAQUE SORPRESA. Un ataque bien planeado estará basado en la sorpresa, la diversión o engaño; capitalizándolo en las debilidades de la seguridad, el no seguir el procedimiento apropiado contribuirá a aumentar el riesgo del ataque.

La simple presencia de los escoltas puede tener efectos disuasivos para muchos atacantes: pero también hay que tener presente los amplios conocimientos que tiene el público respecto a las diferentes formas y a la extensión de este tipo de protección, esto les brinda oportunidad a las personas hostiles, de preparar mejor sus planes.

El escolta se constituye en el anillo de seguridad más cercano, la zona protectora más inmediata. Él escolta se encuentra regularmente al lado del personaje, esta posición, provee la última posible barrera física entre el atacante y su objetivo.

De una buena técnica y táctica de cubrimiento del protegido por parte del equipo del escolta, depende que se lleva a cabo la misión continua de: Defender la vida, honra y bienes del protegido.

1

PROTECCIÓN A PERSONAS

Definición

La protección personal, se resume en el conjunto de medios, medidas y normas, que con las actuaciones personales tienen como fin garantizar la integridad físicay libertad de una persona.

La misión del servicio de protección a personas es:

Proporcionar seguridad a la persona que se le organiza, para conseguir que pueda ejercer en libertad todas las acciones inherentes a su persona y cargo que ocupa, sin que ninguna fuerza externa natural o artificial se lo impidan.

- Personas de grave riesgo.
- Personas de riesgo moderado.
- Personas de leve riesgo.

Las personas a las que se proporciona un servicio de protección se encuentran siempre incluidas en el primer grupo.

Por un lado, se denomina **ESCOLTA**, aquel que ha realizado algún curso de especialización en la protección, y además posee suficiente y ponderada experiencia en la responsabilidad y ejecución de servicios de protección de personas.

Actividad de protección

Seguridad

Seguridad es el conjunto de normas preventivas y operativas, con apoyo de procedimientos, programas, sistemas, y equipos de seguridad y protección, orientados a neutralizar, minimizar y controlar los efectos de actos ilícitos o situaciones de emergencia, que afecten y lesionen a las personas y los bienes que estas poseen

Protección

Medidas activas y pasivas que se emplean para mantener sin riesgo a personas, instalaciones, bienes y otros.

Guardaespaldas

Persona armada que acompaña, protege defiende a quien lo ha contratado
Con su propio cuerpo o utilizando armas.

Escolta

Empleado de una empresa de vigilancia cuya labor es dar protección a personas naturales, a vehículos, mercancías y valores durante sus desplazamientos.

Escolta personal

Es el encargado de evitar, neutralizar o eliminar, las oportunidades de que secuestren, asesinen, golpeen, ataquen u hostiguen a la persona protegida, hasta donde las circunstancias lo permitan, ya que la protección absoluta no se puede brindar y menos en la actual situación.

ANILLOS CONCÉNTRICOS DE SEGURIDAD.

Se realiza un reconocimiento de un emplazamiento de seguridad permanente para determinar las áreas débiles y las áreas fuertes, la susceptibilidad al acceso sin autorización y la vulnerabilidad general a un ataque al protegido.

b-El reconocimiento utiliza el concepto de los anillos concéntricos y examina el emplazamiento desde el perímetro distante (al que es más fácil penetrar) hasta el refugio seguro (al que es más fácil penetrar) Estos anillos son similares a las pantallas de seguridad que se colocan alrededor del individuo protegido.

c-A medida que alguien avanza en los anillos, le debería resultar progresivamente más difícil obtener acceso sin autorización. Las medidas de seguridad con las que se encuentra se hacen más estrictas cuanto más se acerquen el protegido.

d-Se utiliza la inteligencia en todo el proceso de establecimiento, análisis y mantenimiento de los elementos de seguridad en un emplazamiento de seguridad permanente. El nivel de seguridad puede ajustarse con base a las estimaciones de inteligencia de la amenaza para el protegido.

AREAS A ANALIZAR

a. **Perímetro adicional.**

   1) **Reconocimientos de la calle y edificios**

1. Primeramente, determine el tipo de estructura (casa independiente, apartamento, torre, mansión, etc.).

2. Una residencia independiente es más segura que un apartamento o condominio.

3. Una residencia independiente permite controlar los anillos concéntricos.

4. La principal preocupación en cualquier residencia es la línea de mira. Obsérvela desde el punto de vista de la seguridad. Des de adentro hacia fuera, y desde el punto de vista del adversario, es decir, desde afuera hacia adentro.

   2) **Identificación de los vecinos:**

- Se debe hacer uso de la inteligencia de protección para identificar e investigar a los vecinos cercanos a la residencia o residencias. Unidad o Comando donde tiene la oficina el protegido.

- Las áreas de interés casual son los antecedentes criminales, una historia de enfermedades mentales y la pertenencia a grupos que supongan algún peligro para el protegido.

- Se debe crear una base de datos para llevar un registro de quiénes pertenecen al barrio (es decir, residentes, repartidores a domicilio, personal,

personal de servicio, etc.) y para monitorear las ventas de casas y propiedades de alquiler.

3) Patrullas:

- Las patrullas pueden ser parte de la escolta de seguridad o pertenecer a la Policía Local y/o a una unidad militar a la cual le ha sido asignada la seguridad del oficial protegido.

- Siempre se debe cambiar los horarios y rutas.

- Procedimientos estándar de operaciones: es necesario preparar el plan de comunicaciones y los procedimientos de emergencias (por ejemplo, qué hacer si se encuentra un paquete sospechoso o si alguien está tratando de treparse a la cerca, etc.)

- se debe establecer un perímetro que define el borde de la propiedad. De lo contrario, no hay ningún recurso contra un intruso, ya que no se sabe cuándo un individuo pasa a ser un intruso.

    4) **Paredes** (con vidrio, alambre de púas, etc., en parte superior) de por lo menos tres metros de altura y entradas un metro bajo tierra.

        a) Limitan la línea de mira hacia el interior de la residencia u oficina; téngase en cuenta que también pueden proveer un escondite para los intrusos.

b) Deben construirse de materiales de construcción rígidos como protección contra las explosiones de bombas y vehículos que arrasan contra la pared.

5) **Cercas.**

a) Las cercas de cadenas y/o varillas de hierro son económicas, de bajo mantenimiento y fáciles de reparar. Pueden construirse de alturas variables y se puede utilizar alambre de púas, alambre de rollos en cordón y cinta filosa como disuasivos adicionales.

b) La desventaja es que no protege el emplazamiento de la explosión de una bomba y que tiene un uso para resistir la embestida de un coche.

c) Las cercas de madera proveen una protección mínima y son fáciles de sortear.

6) **Portones:**

a) Los portones deben ser seguros. Si se puede atravesar fácilmente, todas las demás barreras son útiles.

b) Los portones deben construirse de materiales sólidos o de eslabones se dé cadena de calibre grueso.

c) Los portones se deben anclar a la barrera del perímetro.

d) Se deben establecer áreas de seguridad de modo que se puedan hacer verificaciones de visitantes y vehículos antes de que entren al emplazamiento.

e) Se deben utilizar varios portones diferentes para el protegido, de manera que no sean predecibles.

f) Se pueden establecer los siguientes tipos de portones:

(1). Oficial: protegido y visitantes de alto nivel.

(2). Personal: empleados con las aprobaciones debidas.

(3). Visitante: tráfico normal de visitantes.

(4). Apoyo: cuadrillas de jardinería, cocina y mantenimiento-

(5). Personal /familia: el protegido, su cónyuge, hijos y parientes.

7) **Garitas de guardia**:

a) Las garitas de guardia deben colocarse estratégicamente de modo de tener una vista de 360 grados del emplazamiento.

b) Las garitas de guardia deben colocarse en una posición donde puedan controlar todos los puntos de entrada y de salida.

8) **luces:**

a) Provea iluminación de los elementos de seguridad del perímetro.

b) Coloque las luces adentro y apuntando hacia fuera. La luz no debe dar en los ojos del personal de seguridad.

c) En las áreas en las que no hay tráfico normal a pie ni son recorridas por perros, se pueden utilizar luces detectoras de movimiento.

9) Dispositivos de monitoreo electrónico:

a) Pueden utilizarse máquinas lectoras de identificación para llevar cuenta de quien entra y sale del emplazamiento (controles de acceso.

b) Pueden colocarse detectores de movimientos en los postes de la cerca, a intervalos regulares, pero no son efectivas si hay patrullas de recorrida a pie o animales en el área.

10) Televisión en circuito cerrado (CCTV)

a) La CCTV es cara y requiere un mantenimiento frecuente.

b) Requiere personal de seguridad dedicado específicamente a observar la pantalla.

c) CCTV necesita ser instalada por profesionales.

11) Perros:

a) Es útil que los perros estén totalmente entrenados y sean manejados debidamente por n profesional de seguridad asignado (guía canino).

b) Los perros y sus encargados deben recibir entrenamiento y mantenimiento constantes.

c) Los perros pueden presentar problemas para el personal de protección y la fuerza de guardia y pueden intimidar al protegido y a su familia.

12) **Patrullas ambulantes**

a) Las patrullas son efectivas si sus rutas y horarios son impredecibles.

b) Deben patrullar todo el emplazamiento.

c) Deben poder comunicarse con el puesto de comando.

13) Sistemas de alarma.

a) Los sistemas de alarma detectan e informan acerca de problemas.

b) Un sistema alarma deberá incluir los siguientes dispositivos:

(1). Contactos: dispositivos magnéticos montados en todos los marcos y ventanas y puertas al exterior.

(2). Ultrasonido: detecta la rotura de ventanas y el movimiento en el área

(3). Infrarrojo: detecta el movimiento en el área.

(4). Incendio en muchos casos, esta es la mayor amenaza en una residencia u/u oficina.

(5). Botón de pánico: acceso fácil para activar el sistema de alarma.

(6). Sistema de altavoces: asusta al intruso e informa a otros de que existe un problema.

(7). Dispositivos detectores de materiales/rayos X para paquetes.

(a). la disponibilidad de detectores de metales en

todas las entradas aumenta notablemente la seguridad.

(b). los detectores manuales son efectivos pero instructivos. Es mejor usarlos como respaldo de los detectores pasaje.

(d). Es esencial tener disponible un equipo de rayos X para revisar toda la correspondencia y paquetes entregados.

Utilización De Círculos Imaginarios

Trazados, tomando como centro a la persona

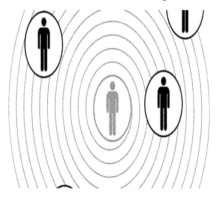

protegida. Este sistema sirve para indicar las posiciones que deben ocupar los escoltas 1, 2,3, o 4.

El norte siempre será la dirección de la marcha.

Los círculos indican la proximidad o lejanía de los escoltas, los cuadrantes de las posiciones de cada uno de ellos.

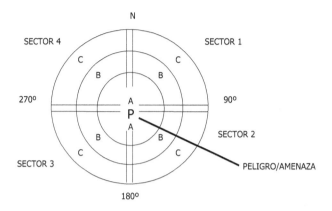

Zonas verticales de observación

La amenaza puede estar ubicada en cualquier lugar, de ahí la necesidad de asignar zona de vigilancia. Sin embargo, toda escolta debe acostumbrarse a conservar en todas direcciones, sin olvidar las partes elevadas y las partes de bajo nivel.

Zonas altas – Techos ventanas, terrazas, campanarios, árboles.

Zonas a nivel – Todo lo que está a la altura de la persona protegida.

Zonas bajas – Subterráneos, cauces de ríos, alcantarillas, sótanos.

Protección

La protección se configura como un sistema de

seguridad organizado para custodiar una persona, un lugar o un objeto determinado, que permite controlar lo que sucede en una zona, y reaccionar en su caso adecuadamente.

Protección integral

El concepto de protección se califica y completa con un concepto que origina otro nuevo de mayor alcance, el de Protección Integral, que consiste en que la cobertura se extiende a todo, es decir a la esfera personal y profesional, contemplando cada una de éstas, desde la Protección Dinámica y la Protección Estática

Protección que incide en la vulnerabilidad de las personas e instalaciones, por ello para evitar los daños hay que protegerse.

En general entendemos que toda acción de protección se fundamenta en dos bases:

Prevención

Conjunto de actuaciones tendentes a evitar la posible manifestaciónde un suceso que pueda producir daños personales o materiales.

Protección

Conjunto de normas medios y acciones cuyo fin es conseguir la seguridad.

Podemos establecer que protección es el conjunto de medios y sistemas de seguridad, que se articulan en el entorno de un bien, persona o cosa, con suficiente capacidad de reacción para neutralizar los posibles daños como consecuencia de un suceso, con la finalidad de asegurar la integridad del mismo.

Las técnicas de protección personal se fundamentan en la creación de un área deseguridad en torno a la persona a proteger, en todos los ámbitos de su vida personal y profesional, donde quedan neutralizados los riesgos relativos a la seguridad personal, en caso de manifestarse.

En lo relativo a la protección de personas, tendremos en cuenta que, diseñar un sistema de protección integral, supone contemplar todos los riesgos y vulnerabilidades que pueden incidir en las distintas áreas donde el protegido realiza sus actividades profesionales y privadas, mediante la implantación de un conjunto de medidas (medios físicos, técnicos, humanos y organizativos), y algo que resulta de vital importancia.

La coordinación y cohesión entre todas ellas, es una amalgama que tiene como objeto de asegurare una cobertura total en las distintas áreas a proteger, que permitan garantizar unos niveles adecuados de seguridad en función de las amenazas consideradas. Teniéndose en cuenta que existen dos clases de protección, que pueden se combinadas

-Protección Móvil
-Protección estática

Protección Móvil

Dispositivo de seguridad organizado para custodiar a una personalidad en sus desplazamientos, o en el traslado de un objeto.

Protección Estática

Dispositivo de seguridad organizado para custodiar un lugar fijo.

En la protección integral de una persona, la protección estática constituye una parcela que requiere un tratamiento individualizado y coordinado con la Protección dinámica.

Como ya se vio la protección estática tiene como objeto custodiar un lugar fijo, y este se refiere tanto al lugar de trabajo como al de residencia habitual u ocasional, y en ambos casos sería de aplicación, tanto la teoría base de protección, es decir la de los Círculos

Concéntricos y la Esfera, como los Conceptos Base, es decir, los diferentes puestos de seguridad. Tema que veremos más adelante

En el marco de un Plan Integral de Seguridad a una persona, el estudio y desarrollo dela Protección

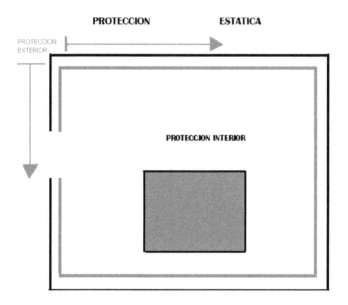

Estática, en su residencia o lugar de trabajo.

Este plan se realiza simplificando la Teoría de los Círculos Concéntricos, a dos espacios bien delimitados:

- La Protección Estática Interior.

- La Protección Estática exterior.

Previo a la protección estática interior y exterior se deberá realizar un estudio sobre el inmueble, sobre aspectos como la ubicación, tipo y características del inmueble, tipo de población que lo rodea y ocupa, topografía del lugar, etc.

En relación con la Protección Estática Interior nos referiremos al inmueble propiamente dicho (sea edificio o complejo de edificios) donde reside o trabaja el protegido. En el interior del inmueble cabría destacar, como lugares a tener en cuenta:

- Puertas de acceso principal, garajes, traseras etc.

- Ventanas, azoteas, terrazas, etc.

- Escaleras, ascensores.

- Patios interiores, sótanos.

- Departamentos de suministro de electricidad, gas, etc.

Con respecto a la Protección Estática Exterior, tiene un carácter perimetral, y se refiere a la periferia o entorno más próximo del inmueble, y su zona de influencia.

A tener en cuenta:

- Las características de la calle donde se encuentra el edificio.

- Lugares desde donde puedan realizarse

observaciones de la misma (paradas deautobús, de taxis, estaciones de metro, etc.).

- Lugares donde se puedan ocultar cargas explosivas (papeleras, buzones, obras, registrode alcantarillado, ...etc.)

- En la residencia de un protegido se hace preciso establecer una serie de medidas de seguridad que aseguren la vida y seguridad material. Y no den margen a la amenaza

Para ello se deberá incluir sistemas de alarma, control de acceso y cámaras. Es preciso tomar medidas de protección física en la

residencia del VIP en una zona de seguridad.

Por lo tanto, es inminente tener en cuenta los círculos concéntricos, como se dice anteriormente.

El primer círculo estará constituido por el cerramiento del recinto, los sistemas de alarmaexistentes en él y los hombres que desempeñen sus puestos de revisión y de vigilancia.

El segundo circulo estará formado por los sistemas de alarma y las personas que formen los puestos de vigilancia que se encuentran en el espacio de terreno limitado porel cerramiento y la residencia.

El tercer circulo estará constituido por las puertas y alarmas de la residencia, las alarmasinstaladas en ellas y los hombres de los puestos de revisión y vigilancia que desempeñan su misión en el interior.

Algunos aspectos a tener en cuenta en la protección estática:

- Las personas que accedan hasta el VIP deberán ser o estar identificadas teniendo conocimiento de su identidad tanto el personal de escolta como el VIP o sus asesores.

- Se deberá controlar al servicio doméstico, en el sentido de que deben de ser conocidosde los moradores de la vivienda y en caso de la llegada de uno nuevo cotejar referencias.

- Atención a la recepción de correos y paquetería, con especial atención a la recepción depaquete o carta bomba. Se enumeran aquí una serie de medidas:

- Matasellos o remite extraño o franqueo excesivo.

- Envíos sugestivos (caja de bombones, libro, etc.)

- Cartas que abulten más de lo normal.

- Escritura oficial hecha a mano.

- Contenido heterogéneo.

- Paquetes o sobres con hilos o alambres que tengan aberturas extrañas.

- Manchas o señales de grasas.

- Los que presentan un olor anormal

- Que produzcan sonidos metálicos

- Que sean blandos o granulados al tacto

- Los que emitan ruidos parecidos a un reloj.

- Sobres cerrados con un hilo para su apertura

- Los que indiquen "confidencial" o "personal"

- Faltas de ortografía o títulos equivocados.

- Excesivo material de embalaje.

De contarse con protectores suficientes se realizarán inspecciones periódicas (sin ajuste de horario ni recorrido) de las inmediaciones y lugares próximos, permaneciendo comunicados con el responsable del equipo.

- Se comunicará, tanto la salida como la entrada del VIP al Departamento de seguridad.

Todo lo enumerado para la protección del domicilio es de aplicación, en reglas generales,al lugar de trabajo.

Técnicas De Protección En Movimiento

Protección Móvil

Como ya se mencionó anteriormente, la Protección Dinámica además del traslado de unobjeto, tiene por finalidad la custodia de una personalidad, en los desplazamientos que realice, a través de cualquier medio.

El desplazamiento a pie es el que mayor riesgo comporta para la seguridad del protegido.

Retomando la teoría de los Círculos Concéntricos vamos a tratar el Primer Círculo de Protección llamado Equipo de Escoltas y que es precisamente quién soporta el mayor esfuerzo en la protección del VIP.

El Equipo de Protección

Constituye el primer círculo de protección o circulo interior, integrado por la escolta o equipo de protección personal que actúa en las inmediaciones del protegido y constituye la última barrera de seguridad de la VIP.

Misión: Cobertura y evacuación

- **Cobertura** corporal del protegido en caso de ataque, correspondiendo al jefe de Cápsula, el disminuir la superficie del blanco asiendo e inclinando al protegido.

En el momento que se produzca el ataque el escolta que se aperciba antes del mismo debe avisar a los demás por medio de voces indicado el lugar o dirección de donde proviene (es fácil la utilización de señales horarias), dirigiéndose al mismo tiempo contra el agresor para tratar de neutralizarlo. Los demás escoltas cubrirán a la protegido y procederán a la rápida evacuación.

- **Evacuación** del protegido, mediante un traslado y alejamiento rápido del lugar de peligro, a otro de seguridad previamente fijado, contribuyendo si es necesario a dejar libre de obstáculos la vía de evacuación.

Para proceder a la evacuación, del protegido se colocará siempre a la derecha ligeramente retrasado, le asirá por el cinturón con una mano y con la otra apoyándola en su espalda le inclinará, para que ofrezca menor superficie de blanco.

Los restantes escoltas cubren al VIP y procuran abrir camino de la forma que sea necesaria, apartando a las personas que obstaculicen la vía de evacuación con objeto de que ésta se realice de la forma más rápida posible.

- **Neutralización** del atacante, no es la misión esencial de la cápsula, pero si uno de los protectores percibe con antelación, debe tratar de abortarlo mientras el resto de la cápsula ejecuta las misiones básicas de cobertura y evacuación. En caso de ser algún miembro del segundo Circulo de Protección el que detectase el ataque será éste el que realice la neutralización, ocupándose los miembros del equipo de Escoltas de dar cobertura y evacuar.

Es importante que los miembros que forman el grupo de seguridad del círculo interior (Equipo escoltas) estén perfectamente compenetrados y exista buena comunicación entre ellos.

-Composición Y Posiciones. Habitualmente del equipo de Escoltas, en función de los Niveles de Protección y de los efectivos disponibles, puede estar compuesta de uno a cinco protectores, incluido el jefe.

Protección Dinámica Sobre Vehículos

Las técnicas de protección dinámica en vehículo, tienen la función de reducir al máximo las situaciones de riesgo hacia el VIP, durante los traslados. El número de vehículos suelevariar dependiendo del nivel de protección y oscila desde uno a cinco vehículos, incluidos el de la personalidad. La Protección más habitual suele ser la de dos o tres vehículos.

Los desplazamientos deben hacerse con rapidez, evitando en lo posible las paradas y detenciones y conociendo perfectamente tanto el itinerario principal como los posibles alternativos.

Los vehículos viajaran muy próximos entre ellos y el de escolta detrás del VIP, salvo que sean tres en cuyo caso ira en medio.

Los protectores se situarán repartidos entre los vehículos de escolta, mientras que el jefe del equipo lo hará en el vehículo del VIP, normalmente, en el asiento delantero derecho.

Más adelante trataremos el tema de las caravanas e itinerarios.

Las Principales áreas a proteger son:

- Residencia
- Desplazamiento.
- Oficina.

Protección Móvil

Ya hemos visto en el tema anterior lo que era, o como se definía la Protección móvil,veremos en este tema las teorías y conceptos base de la protección.

Teorías Y Conceptos Base.

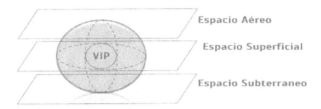

Teorías base. -

La concepción y planificación de toda operación o dispositivo de protección se apoyanse la base de la:

Teoría Esférica de la Protección y la Teoría de los Círculos Concéntricos. Teoría Esférica de la Protección

Consiste en cubrir el espacio contenido en una esfera, cuyo centro sería la persona protegida.

Quiere indicar que al planificar la operación o dispositivo de protección se una persona, hay que concebirlo desde tres planos especiales: el aéreo, el superficial y el subterráneo.

El mejor sistema Protección es el conocido mundialmente como ANILLOS DE SEGURIDAD, la importancia que se le quiera brindar a la seguridad, determina el número de anillos, teniendo cuatro como básicos, así:

NIVELES DE PROTECCION

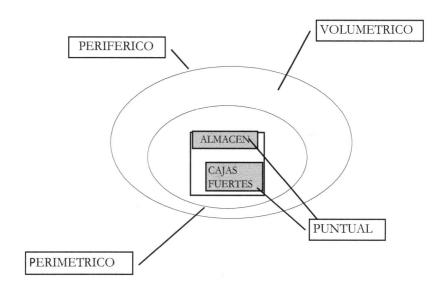

PERIFERICO

Todos los puntos de control, críticos, vías de acceso, autoridades y otros que están en los alrededores del puesto de vigilancia.

PERIMETRICO

Los límites del Puesto de Vigilancia, en una casa o Local son las paredes que colindan con otra casa, en empresas grandes e industrias, son los muros, mallas.

VOLUMÉTRICO

Es el conjunto interior de una o varias edificaciones dentro del perímetro.

PUNTUAL

Son las dependencias más susceptibles a la delincuencia, puede ser una o varios puntuales. Los anillos de Seguridad o Protección se deben de analizar tanto horizontalmente como en forma vertical, teniendo en cuenta los siguientes aspectos:

CÍRCULOS CONCÉNTRICOS DE PROTECCIÓN

Los anillos de seguridad son líneas concéntricas imaginarias o físicas que se hacen alrededor del protegido o del sitio a proteger.

Usualmente se emplean tres anillos que vienen determinados por el profesional de seguridad.

Los anillos de seguridad pueden ser dinámicos o estáticos,

es decir, son flexibles y cambiantes o pueden ser inamovibles y rígidos, dependiendo de las necesidades o circunstancias.

Estos anillos deben estar explicados en un plan de seguridad, ya

ANILLO
INTERNO

que cada uno funciona como una especie de filtro que va restringiendo el acceso al protegido o al sitio el cual se protege.

Esto con el fin de evitar alguna vulnerabilidad o riesgo, de allí que cada anillo sea más restrictivo que el otro. Cabe destacar que la estructura de cada anillo depende de la amenaza, del nivel de riesgo del protegido y de los recursos disponibles.

Tipos de anillos:

1.Anillo Interno

Es el más cercano al protegido o al sitio a proteger. Es rígido, restrictivo e incorruptible.

Este debe estar conformado por personal de confianza y solo se debe permitir el acceso a los familiares, a los empleados directos y de confianza del protegido y personal de seguridad autorizado para ingresar a dicho anillo.

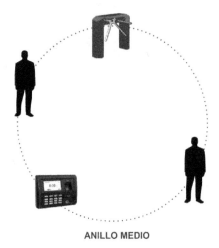

ANILLO MEDIO

2. Anillo Medio

Este anillo está compuesto por instalaciones o edificaciones donde va a estar el protegido, el personal de seguridad, medios de seguridad electrónicos como: control de acceso, detección de metales y explosivos; el personal de apoyo y logística externo como los miembros de la fuerza pública o los empleados de las instalaciones autorizados.

3.Anillo Exterior: es la línea de defensa y el anillo más lejano al protegido. Está compuesto por personal de seguridad equipado y entrenado para reacción y protección de personas, ya que es el primer filtro de acceso al protegido. El mismo debe estar apoyado por:

1-Fuerza pública o militares.

2-Unidad de evacuación médica.

3-Personal de logística.

En este perímetro se puede permitir el acceso a escoltas de apoyo, y conductores.

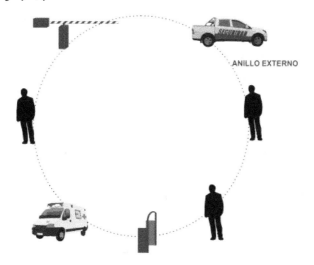

Cada anillo de seguridad debe cumplir una función de restricción y filtrado, es decir deben verificar a cada persona, vehículo y paquete que desee ingresar. Por ejemplo, el anillo más externo deberá verificar identificaciones, hacer requisas de bolsos y paquetes. En caso de contar con apoyo de la fuerza pública se deben hacer requisas personales, empleando listas de personal invitado o autorizado o por medio de la radio con los operadores del centro de control.

Las identificaciones deben ser corroboradas y los distintivos del personal de seguridad deben ser legibles, visibles y diferentes de los demás sistemas de identificación. Es importante contar con un método que permita llevar la cuenta de las identificaciones emitidas y del personal que ingresa.

Cada procedimiento y función que se vaya a implementar deberá estar ordenada y estipulada por el coordinador o jefe de seguridad. Él será quien determine cómo, dónde y a qué distancia deberán estar conformados estos anillos de seguridad y los diferentes equipos que harán parte del plan.

Dentro del plan de seguridad cada anillo deberá estipular cuáles son los recursos asignados y cuáles son las barreras físicas con las que cuenta, a fin de identificar los puntos vulnerables y poder reforzar con adición de personal o barreras temporales.

Los equipos de seguridad que componen los anillos deben estar siempre apoyados por un centro de control, el cual gestiona las comunicaciones y los sistemas electrónicos de vigilancia como sensores, alarmas, controles de acceso y cámaras. Esto es importante si el anillo es implementado en residencias u oficinas, ya que siempre hay registros electrónicos de posibles incursiones o ataques y un apoyo permanente para el personal que se encuentra en vehículos o a pie.

Una buena estrategia es contar con vehículos en el anillo exterior, de no ser posible de manera permanente, pueden ser rondas periódicas o patrullaje de reacción que llegue al sitio si se presenta alguna novedad.

Revisa minuciosamente tu plan de seguridad y repasa con el personal los diferentes anillos en busca de vulnerabilidades para detectar las fallas y corregirlas a tiempo. trabaja con supuestos, los cuales te brindarán un conocimiento sobre la respuesta que pueda dar tu equipo de seguridad y el tiempo que le tome escapar o neutralizar alguna amenaza.

Los círculos concéntricos de seguridad son zonas seguras, limitadas por perímetros de seguridad y establecidas para proteger a una persona muy importante (V.I.P) quien será considerado en el centro.

Se deben establecer tres zonas seguras con sus respectivos perímetros de seguridad alrededor del (VIP) en cada situación o emplazamiento. Estos son el perímetro interior, intermedio y exterior.

Cada perímetro debe restringir la entrada a un menor número de personas que tendrán contacto con el (VIP) y debe ser desde el exterior hacia el interior, estos círculos permiten realizar un control eficaz de las personas que acceden a las zonas seguras, permitiendo su fácil detección y haciendo más difícil su acceso mientras se acercan al(VIP).

La formación del perímetro depende de diferentes factores como: la amenaza, personal disponible, recursos materiales, que dispone un grupo de protección.

Relación del Escolta con el V.I.P. y su entorno.

1-Relación con el VIP.

Debemos conocer su personalidad, costumbres, aficiones, con la finalidad de adaptarnos a sus circunstancias. Hay que conocer a las personas de su entorno: amigos, familia, personal laboral.

Asimismo, la discreción es una de las máximas prioritarias a observar. Los contactos con el VIP se establecerán a través del Jefe de Seguridad.

2- Relación con la familia del VIP.

El control ha de ser relativo, pero considerando que el ataque al VIP puede venir a través de la agresión a sus familiares, por lo que tendremos que tratar de mentalizarlos y acercarlos a nuestro terreno.

3- Relación con las amistades del VIP.

Debemos conocerlos y saber el grado de cercanía y actitud del VIP hacia ellos.

4- Relación con el staff del VIP.

Las relaciones con el staff han de ser estrechas, ya que de ellos debemos obtener la información y novedades que puedan surgir en los actos programados. Esta labor incluye la de mentalización en la

protección de la información de que disponen.

5- Relación con el Público.

Debemos ser correctos pero estrictos, ya que una excesiva dureza hacia el público podrá crear un halo de impopularidad hacia la Autoridad. Ante lo expuesto, debemos ser enérgicos pero correctos.

6- Relación con la Prensa.

La relación ha de ser buena pero controlada. A través de ellos podemos obtener información y así poder detectar anomalías que nos faciliten la labor.

FUNDAMENTOS DEL SISTEMA DE PROTECCIÓN

Procedimientos Para La Implementación

Del Plan de Protección V.I.P

1° PASO	Perfil del protegido, definición y análisis de las amenazas.
2° PASO	Estudio y evaluación de riesgos (en cada área funcional física, geográfica).
3° PASO	Determinación de las vulnerabilidades, así como el grado de aceptación o rechazo a las medidas de protección (informe escrito).
4° PASO	Diseño de las medidas de protección(física)
5° PASO	Implementación de las medidas y entrenamiento de seguridad.
6° PASO	Pruebas operativas, seguimiento, inspecciones y ajustes al plan de protección.
7° PASO	Auditorias y reentrenamiento periódico.

1- Crear una zona de seguridad

Toda actividad del VIP que se desarrolle dentro de una zona de seguridad reducirá los porcentajes de peligro y le transmitirá sensaciones de seguridad y tranquilidad.

2- Protección, lo más importante.

Al personal de seguridad no debe afectarle la forma de ser del VIP, ni deberá juzgarlo, debido a que en caso contrario el escolta podría implicarse de forma personal, disminuyendo así la efectividad en la seguridad a prestar.

3- Medios Preventivos.

La previsión es el factor que dota de eficacia o ineficacia un servicio de protección. Las medidas preventivas pueden ser, entre otras: eliminación de riesgos, anticipaciones al agresor, probar los medios técnicos a emplear, ensayo y evaluación de los planes de seguridad.

4- Equilibrio.

Debe hallarse un equilibrio en el binomio: situación – riesgo.

Una situación de alto riesgo Advierte un movimiento formal protocolario.

Una situación de riesgo medio Advierte un movimiento formal rutinario

Una situación de bajo riesgo Advierte un movimiento informal.

Problemas en la Protección del V.I.P

La importancia de la protección transciende a la persona que se trata de proteger, cobra mayor fuerza e importancia la premisa inexcusable de que, el responsable de un equipo de protección, debe mantener con el protegido una relación de confianza basada en el respeto mutuo, con el fin de atenuar, superar y evitar determinados problemas que condicionan la realización de un servicio eficaz de protección, lo cual lamentablemente se presenta.

Por lo anterior se hace indispensable el liderazgo del jefe de Escolta para la escogencia de su equipo bajos las siguientes premisas: Debe conocer su oficio, al protegido y tener una relación optima con el protegido, la cual genere una confianza inquebrantable, con aquel que tiene dicha responsabilidad de protegerlo.

Clases De Problemas.

1) Excesiva presión con el protegido.

Los servicios de protección deben de llevarse a cabo de manera que, aparentemente, le den libertad de movimientos al protegido y conjuguen el principio de su libertad con el de su seguridad.

El problema de la vida íntima y de la libertad de movimientos del protegido debe de tenerse en cuenta por el servicio de protección, dado que, de ejercerse la protección con demasiada presión, puede llevar a la personalidad a tratar de eludirla con lo que quedaría expuesta a mayores peligros.

2) Falta de Cooperación del protegido

Se sobreentiende que si es el protegido el que ha solicitado el servicio, es decir que no le fue impuesto por el cargo que representa opuesto que ocupa, éste colaborará con el equipo de protección, no obstante, lamentablemente, en algunos casos no sucede así. El protegido no coopera que la protección, coloca trabas, se evade de su protección o llanamente no cumple con las normas de seguridad.

3) Mal trato por parte del protegido

Algunas veces el entorno del Equipo de seguridad es apático, por que recibe malos tratos o está allí por necesidad sin compromiso. Aunque esto por supuesto es inexcusable.

4) Excesiva dureza con el público y con los medios de comunicación social.

Este tercer problema que puede plantearse consiste en la necesidad de que el servicio deprotección se preste de manera que no ofrezca de cara al público una sensación de dureza o de hostilidad, que podría repercutir de forma negativa en la imagen popular de la Persona a la que se está protegiendo con la consiguiente desconfianza y posible elusión o sustitución del equipo de protección.

5) Uso indebido del equipo de protección.

Otro problema, de frecuente aparición, es el uso del servicio de protección, por parte del protegido, en tareas serviles o domésticas ajenas a la función profesional. En este punto hay que distinguir entre servidumbre y seguridad con objeto de que el servicio no pierda eficacia.

Por lo tanto, sobre un criterio técnico firme es conveniente aplicar un poco de sentido común, en situaciones que en un principio y en apariencia no se den aceptar.

Por ejemplo abrir la puerta de un vehículo llevar un maletín o comprar un periódico son situaciones que en principio y en apariencia no pertenecen a las labores de un Equipo de Protección, pero si en dichas actuaciones: el maletín contiene altos documentos; la puerta se abre para elegir el momento y servir de cobertura física; y el periódico se compra para evitar que un kiosco se convierta a la misma hora en un punto de alto riesgo; tales cometidos adquieren un sentido técnico y no servil en la protección.

6) Insuficiencias en la realización de la

protección.

De modo general puede decirse que se plantean también problemas por la realización imperfecta del servicio de protección, así:

- Falta de información del protegido y su staff, al Equipo de Protección.

El responsable de un Equipo de Protección, debe ser y estar informado de continuo y con la antelación suficiente, bien por el mismo protegido o bien por su servicio de apoyo, o por quién corresponda, esta persona o servicio a de aceptar o asimilar, que la corriente informativa con el equipo de protección sobre la persona a proteger, constituye un imperativo y ha de ser constante, detallada y oportuna. Esta falta de información da lugar en ocasiones a que se improvisen medidas de protección, con la subsiguiente y posible ineficiencia o ineficacia.

- Falta de medios en el dispositivo de protección.

El nivel de riesgo determina el nivel de protección y éste los medios humanos y técnicos que se van a utilizar. De allí la importancia de determinar el nivel de riesgo en que se encuentra el protegido

- Falta de calificación en el Grupo de Escoltas.

Todos los escoltas deben ser compenetrados en un solo equipo, por la falta de compromiso de algún miembro puede entrometerse el enemigo. De igual manera deben estar previamente capacitados como escoltas, y hacer reentrenamiento con frecuencia.

Algunos atentados con resultados diversos en la persona protegida no han sido evitados por acompañar a la personalidad elementos sin otra cualificación que su corpulencia, o el antecedente de haber pertenecido a algún cuerpo policial, o haber realizado cualquier actividad privada relacionada con la seguridad.

En este momento es necesario y oportuno señalar la diferencia nominal existente entre personal cualificado y no cualificado que realiza labores de protección.

- Falta de concientización y alerta.

En contra de lo que pueda parecer un servicio de protección conlleva, no solo lo físico, sino, sobre todo, un desgaste psíquico considerable, debido al gran número de horas continuadas y realizadas por sometimiento a un programa de actividades ajeno, y a veces repetitivo, que produce constantes cambios en el ritmo entre la acción y la espera. Y sobre todo la falta de descanso. Esto puede ocasionar una disminución o decaimiento de la atención,en la prestación del servicio que se realiza, por lo cual se deben tener en cuenta los correspondientes relevos, mediante la previsión de turnos de servicio.

7) Mala Selección del personal

Cuando hay mala selección del personal y el escolta es un infiltrado, daña la constitución del Equipo de escolta, poniendo en peligro no solo sus compañeros, si no al protegido.

1. ORGANIZACIÓN DE UN SERVICIO DE PROTECCIÓN.

a-Todos los estados mayores y planas mayores deben estar dispuestos para apoyar la misión de la escolta interna.

b-La estructura de Comando, los estados y planas mayores deben permitir la comunicación rápida y eficiente de la información de la amenaza y para dar apoyo inmediato a la escolta interna.

c-Elementos organizativos básicos.

1). Personal

PERFIL Y REQUISITOS DEL HOMBRE ESCOLTA

"HOMBRE IDEAL"

	OPTIMO	MEDIO	ACEPTABLE
EDAD	20-30	30-35	35-40
ESTATURA	1.70-1.80	1.60-1.70	
PESO	70-75	60.70	
FIGURA	ESBELTO	NORMAL	
PORTE	DISTINGUIDO	NORMAL	
APARIENCIA	AGRADABLE	BUENA	
SALUD	EXCELENTE	EXCELENTE	
EXPRESIÓN	EXCELENTE	BUENA	
VISIÓN	20-20	NORMAL	
AUDISIÓN	ALTA	NORMAL	
ESTADO FISICO	EXCELENTE	ATLETICO	
RESISTE SUEÑO	SIN ESFUERZO	ALGUN ESFUERZO	
DEFECTOS FISICOS	NINGUNO	NINGUNO	

CONDICIONES INTELECTUALES
ASPECTOS

DESCRIPCION	OPTIMO	MEDIO	ACEPTABLE
COEFICIENTE INTEL	BUENO	NORMAL	REGULAR
EDUCACIÓN	BACHILLER	BACHILLER	BACHILLER
MEMORIA	FACIL RECONOCIMIENTO	NORMAL	REQUERE NOTAS
HABILIDAD MENTAL	RAPIDO	NORMAL	NECESITA PENSAR
INICIATIVA	ALTA	NORMAL	NECESITA GUIA
LECTURA	RAPIDO	NORMAL	FALTA PRACTICA
ESCRITURA	CLARA	LEGIBLE	FALTA PRACTICA
REDACCIÓN	BUENA	BUENA	REGULAR
ORTOGRAFIA	BUENA	BUENA	REGULAR

a-Entrenamiento y experiencia previa.

a-Militar.
b-Educación secundaria
c-Cursos de especialización

b-Estudio de antecedentes:

a-Estabilidad particularmente financiera
b-Aspectos de seguridad
c-Confiabilidad
d-Lealtad
e-No tener antecedentes criminales o de justicia.

2-INTELIGENCIA

1-Lo ideal sería que un elemento de inteligencia independiente estuviera totalmente concentrado en las operaciones de seguridad y protección.

2-Se debe crear un centro responsable de la recolección, el análisis, la diseminación y el almacenamiento de la inteligencia de protección.

3-El elemento encargado de la inteligencia de protección tiene relaciones de enlace con fuentes claves de información, como pueden ser:

a-Militares
b-Policía
c-Otras entidades de seguridad del estado.

3-OPERACIONES.

son los diferentes servicios a desarrollar.

1-**Escoltas Militares:** corresponde a la protección permanente que brinda a los PMI. De la respectiva Guarnición.

2-**Escoltas de protección familiar:** son aquellas que se realizan a los familiares (esposa, hijos, padres) del personal militar muy importante y de acuerdo a su jerarquía y nivel de riesgo.

3-**Escoltas a Militares extranjeros:** servicio de protección que se brinda a militares de otros países que visitan las diferentes guarniciones. El nivel de escolta a emplear corresponde al nivel de riesgo.

4-**Escoltas a Militares de otras guarniciones:** servicio de seguridad que se proporciona a los militares importantes y con algún nivel de riesgo que visita la Guarnición.

4-LOGISTICA

Comprende todas las funciones y personal necesarios para servir al elemento de operaciones.

a-Equipos
b-Alojamiento / oficinas
c-Armas / municiones

5-TRANSPORTES

1-Vehículos
2-Conductores (con entrenamiento)
3-Mantenimiento / modificación de vehículos (blindajes)

6-COMUNICACIONES

a-Radios
b-Teléfonos
c-Microondas
d-Equipo de manos libres

7-EQUIPOS TECNICOS

1-Detectores de artefactos explosivos / metales
2-Perros antiexplosivos
3-Dispositivos de inspección

2

EL ESTUDIO DE SEGURIDAD
EL PLAN DE SEGURIDAD PERSONAL

Definición

Tipo de análisis orientados a conocer en profundidad la información personal y relevante de las personas, esto quiere decir, determinar si el candidato a una oportunidad laboral es quien afirma ser, verificar su historia, comportamiento social, antecedentes disciplinarios y entidades con las cuales tiene cercanía, con el ánimo de establecer pautas de seguridad adecuadas según una necesidad previamente establecida.

Por otro lado, los estudios de seguridad también permiten medir la prevalencia de valores que son de importancia para una empresa, como la responsabilidad, lealtad y honestidad.

Confirmando que no representa un riesgo para la integridad de la empresa y las personas que la conforman. En otras ocasiones, los estudios van dirigidos a los empleados que ya se encuentran vinculados a la empresa, con el fin de evaluar su comportamiento, o si se han visto involucrados en malos manejos de su cargo.

A. CONCEPTO

El secuestro, el sicariato y la extorsión son unas de las grandes amenazas que

B. FACTORES GENERADORES Y FACILITADORES – ACTORES

Como toda actividad el secuestro, el sicariato y la extorsión, tienen factores generadores y facilitadores. Veámoslos:

1. Factores generadores

- Codicia y rentabilidad
- Venganza
- Necesidades e información
- Publicidad
- Poder de negociación
- Ajustes de tratos o cuentas
- Garantías

2. Factores facilitadores

a. El personaje

- Vulnerabilidad culposa de la víctima (por gasto, por perder intimidad).
- Falta de auditoría de seguridad.
- Incumplir las normas de protección
- Volar a los escoltas

b. El Escolta

Cualidades del agente de protección

Experiencia suficiente en toda clase de servicios de seguridad.

Moralidad y honradez.
Equilibrio personal.
Capacidad técnica.
Formación física.

Cualidades complementarias:

Actitud mental:

Debe estar determinada por una madurez y equilibrio mental, y la ideal es aquella que, manteniéndose aún en buenas condiciones físicas, le proporcione la serenidad en todas las actuaciones y el equilibrio emocional en cualquier situación.

Durante el servicio deberá estar estudiando cada situación concreta donde la personalidad se encuentre, componiendo un abanico de riesgos probables y decidirá su posición o situación para prevenir los riesgos.

De forma continua, estará observando sin intimidar. Se situará sin incomodar, pero decidido a actuar con rapidez, precisión, potencia y discreción, con la máxima naturalidad posible.

Debe ser consciente que cualquier agresión se desarrolla en un tiempo inferior a cuatro (4") segundos y que esos, son los cuatro (4") segundos para los que se ha preparado durante toda su formación.

Instrucción Y Reentrenamiento:

El entrenamiento de los miembros de un servicio de protección debe ser continuo para mantener a todos los componentes en adecuado nivel de empleo.

Se deben establecer programas de Reentrenamiento de forma regula. Mínimo cada 6 meses.

Dentro de este programa se deben abarcar las siguientes áreas:

Procedimiento Escoltas (Técnicas de protección, Formaciones a Pie, Caravanas)

Defensa personal.

Manejo Defensivo.

Manejo de Armas. Utilización y manipulación de las armas reglamentarias.

Polígono

Normativas legales. (De acuerdo al país y DHH)

Casuística. (Entre otros temas de importancia).

Condición física:

La naturaleza de las misiones desarrolladas por los servicios de protección exige una formación física de sus miembros orientada a conseguir el grado de preparación y confianza en sí mismos, suficiente para poder resolver felizmente cualquier actuación profesional que en ese orden se requiera.

Para conseguir este fin el entrenamiento ha de ser lo más completo, intenso y frecuente posible, abarcando desde los deportes de lucha, hasta el manejo de armas de todo tipo.

- Equipos de escolta subutilizados con la anuencia del PERSONAJE, del jefe de Seguridad, del jefe de la Escolta y de los mismos escoltas.
- Los escoltas que permanecen distraídos de sus responsabilidades y se desprofesionalizan por sustracción de materia.
- Un equipo de escolta sin capacidad de disuasión
- La rutina aún durante su servicio en la calle se dedica a actividades diferentes a las de brindar seguridad.
- No cumplir con las funciones o falta de auditoría de seguridad.

Estos factores apreciados por el delincuente, hacen que el sicariato, pero especialmente el secuestro y la extorsión crezcan sin cesar.

Comportamiento

El hombre de escolta debe ser consciente de que especialmente en actividades sociales, es continuamente observado por cuantos le rodean y éstos juzgarán a la personalidad según el comportamiento de su equipo (incluida la seguridad).

A continuación, enumeraremos una serie de actitudes a evitar en lo posible, para el cumplimiento del servicio:

- Manos introducidas en los bolsillos.□ Traje o prendas de abrigo abrochados (impiden la reacción).
- Apoyarse de forma repetida en pared u otros objetos, dando muestras de cansancio.
- Distraerse en conversaciones con las personas que se encuentren en su zona de responsabilidad, en detrimento de su atención.
- Agruparse con los compañeros u otros escoltas de otro Equipo de Escoltas.
- Tomar parte activa en cócteles o aperitivos.
- Portar el radio-teléfono en la mano o de forma visible.
- Uso de gafas de sol en lugares cerrados.
- Actitud en pos de conseguir obsequios o recuerdos por organizadores de diversos actos. O lo que es peor filtrar fotos a los medios.
- Masticar chicle de forma constante y más cuando tiene que conversar con otras personas.
- Nadie es ajeno a un servicio de protección debe conocer sus secretos, actividades y las de sus miembros. En ellos se basará su seguridad.

- Absoluto secreto sobre las actividades y costumbres de la personalidad y su entorno familiar.

- Reserva total sobre las actividades futuras de la personalidad y del servicio de protección.

- Reserva sobre los procedimientos, horarios y actividades de los agentes del servicio.

- Estado de alerta permanente ante la solicitud de información clara o camuflada por personal ajeno al servicio.

- Actuar con naturalidad para evitar provocar la curiosidad.

- Discreción al hablar.

Documentación

Con respecto a la documentación hay que tener en cuenta:

- Toda información tiene clasificación de secreto.

- Evitar llevar notas escritas y documentación referente al servicio.

- Servicio de la memoria lo máximo posible.

- Evitar el uso de los diarios personales.

- La familia conocerá lo justo e imprescindible sobre nuestro destino y trabajo.

3. **Actores del Problema**

   a. **El personaje**

- Con actitudes y aptitudes de seguridad

- Culpablemente vulnerables

b. El Escolta

- Con actitudes y aptitudes de seguridad

- Culpablemente vulnerables

c. El delincuente

- Guerrilleros y paras: Extorsivo, publicitario, político, comercial, venganza

- Común y organizado: Extorsivo, venganza y comercial.

- Habitual organizado o no organizado: Extorsivo y comercial.

- La capacidad superior con la que el delincuente planea el antes, y después del crimen.

- Incapacidad real de las autoridades públicas para controlar esta clase de delitos

- Algunos Desplazados para reconocimiento (además algunos se incorporan a los grupos anteriores)

4. Modalidades delictivas

Asesinato – Sicariato

Lesiones personales

Intimidación

Secuestro extorsivo

Secuestro de infantes y adolescentes

Secuestro de esposas

Secuestro familiar/residencial

Secuestro de mascotas

Secuestro de sementales

Cambio por mercados y equipos

Retención de vehículos

Familia en garantía en carreteras

Pago mensual por concepto de seguridad

Intercambio de familiares secuestrados

Cambio de secuestrados por narcóticos

Sistemas de crédito para pago de secuestro

Penetración a familiares y amigos cercanos

Actuación de intermediarios y colaboradores (¿dobles agentes?)

Comercio delincuencia común-guerrilla-otros

Secuestros planeados

Secuestros al azar

Con lo visto podemos componer una definición de:

PROTECCION DE PERSONAS

La protección personal, se resume en el conjunto de medios, medidas y normas, que con las actuaciones personales tienen como fin garantizar la integridad físicay libertad de una persona.

Es el conjunto de estrategias (planes), tácticas (manuales de procedimiento y tomas y dispositivo) y medios (humanos, técnicos, vehículos, instalaciones) que dispone una persona natural o jurídica para su propia protección y la de sus familiares o ejecutivos de la empresa. Para lo cual debe tener en cuenta las siguientes:

I.   CONSIDERACIONES DE TIPO TACTICO

- La amenaza contra la vida, la integridad personal y la libertad es omnipresente. El llegar a ser o evitar ser una víctima más, depende del grado de exposición al peligro.

- El secuestro ha dejado de lado intereses políticos y afanes publicitarios y ha llegado a convertirse en el modo de vivir de muchas personas en todos los estratos.

- En la mayoría de los casos uno de los familiares o un gran amigo del secuestrado, es integrante de la banda de secuestradores.

- El creer que no está pasando nada o que nada sucederá, es una de las ventajas que aprovechan los delincuentes para tomar por sorpresa al personaje y a su grupo de escoltas. Abandonar esta forma de pensar es el primer requisito para lograr un mejor nivel de protección.

- Una actitud preventiva y positiva frente a la amenaza, genera el tomar medidas que dificultan o evitan el accionar de los delincuentes.

- El ideal de disuasión solamente se puede lograr gracias a la acción efectiva, visible y decidida para mantener el peligro a conveniente distancia.

- La disuasión implica:

  • Alistamiento y alerta permanente

  • Buena preparación física y mental

  • Adecuadas medidas de protección y defensa

El verdadero riesgo, es pensar que no hay riesgos

Cuando sucede un secuestro, pasaron dos cosas:

  • Falló la estrategia (el jefe y sus planes) y la táctica (los escoltas y sus procedimientos)

  • La capacidad de los delincuentes superó la capacidad de los escoltas.

II. CUALES SON SUS RIESGOS DE SECUESTRO

Muchas personas basan el cálculo de su riesgo:

a) Tomando como base las estadísticas de los organismos de seguridad y de las ONG (Organismos No Gubernamentales)

b) Las charlas que sostienen con sus jefes de seguridad

c) Las charlas que sostienen con sus amistades

Sobre esto es bueno tener en cuenta:

1. Las estadísticas reflejan solamente la criminalidad aparente, o sea la que llega a conocimiento de las autoridades mediante denuncias, pero nunca la criminalidad real, o sea la aparente más la que no se denuncia y por lo tanto no llega a su conocimiento.

2. Los jefes de seguridad ante el temor de recibir el tratamiento de alarmistas tratan de aparecer como alguien que todo lo tiene bajo control y a conciencia de su error, ante sus jefes manifiesta que todo está bien y por estar actuando así, dejan pasar inadvertidos los indicadores de estado de alerta.

3. Con relación a las amistades se presentan personas que, con el deseo de demostrar ser influyentes, en todos los círculos sociales se creen sabedores y dueños de la verdad y manifiestan tener las mejores fuentes de información habidas y por haber y por lo tanto sus conceptos en la mayoría de las veces, son errados.

Lo cierto es que independientemente de estas consideraciones la experiencia de los organismos de investigación, empresas de vigilancia y departamentos de seguridad han llegado a la conclusión de que quien ha sufrido secuestro, presenta uno o varios de los siguientes riesgos:

*   Son personas adineradas o aparentan serlo

- Por razones de su trabajo manejan o controlan grandes cantidades de dinero

- Trabajan para una multinacional o empresa nacional muy conocida o publicitada. O Son destacados profesionales, comerciantes o industriales

- Su fuente de ingreso más importante es la agricultura y la ganadería y esto, además, hace que tenga que viajar al campo

- Eran personas que creían que la seguridad era un gasto innecesario sin retorno de inversión

- Eran personas que creían que como hacían buenas obras, le pagaban lo justo a sus empleados y establecieron escuelas rurales con profesor pago en la región de su finca, nunca lo iban a secuestrar.

- Ellos no, pero sus familiares hacen alarde de su buen nivel económico

- Basados en su autoridad o posición tomaron decisiones injustas o perjudiciales para alguna o algunas personas, especialmente en el área rural

- Tenían jefes de seguridad y equipos de escolta incompetentes

Lo anterior nos lleva a los siguientes criterios para analizar riesgos:

1. Nadie llegará a conocer y controlar todos sus riesgos

2. Todos los riesgos no son igualmente importantes

3. Todas las situaciones de peligro requieren un balance entre el riesgo y el beneficio de su control o eliminación.

4. Los recursos para identificar, controlar o eliminar riesgos, son siempre limitados

5. Los riesgos deben priorizarse en relación con su gravedad.

Una vez establecida la existencia de riesgos, el personal de seguridad hace la evaluación de la amenaza.

III. EVALUACION DE LA AMENAZA

La evaluación de una amenaza se basa en tres (3) conceptos:

- La probabilidad de ocurrencia

- Gravedad o severidad que se pueda presentar

- Urgencia de establecer una solución

La probabilidad

Se califica según la siguiente tabla:

- El evento ocurrirá (hay señales o indicios permanentes) 10

- Es probable que ocurra (hay señales periódicas) 8

- Existe posibilidad de ocurrencia (hay indicios frecuentes) 5

- Es probable que no ocurra (hay señales esporádicas) 3

- No es posible determinar ocurrencia (indicios raros o no hay)1

La gravedad

Importancia o impacto se expresará según los criterios establecidos para cada caso. Por ejemplo:

- Habrá pérdida de vidas   10

- Habrá perjuicios importantes en intereses personales 8

- Habrá perjuicios importantes en intereses de la empresa   5

- Habrá perjuicio moderado en lo personal y en lo empresarial   3

- No es posible determinar gravedad o impacto   1

La urgencia

Determina la prioridad en la acción a tomar y para esto se tiene en cuenta especialmente, la tendencia de los hechos observados:

- Evento que ya sucedió o está sucediendo   5

- Evento a punto de ocurrir 4
- Evento cercano predecible 3
- Evento lejano predecible 2
- Evento futuro no predecible 1

Cuando la suma de la evaluación dada a los factores se acerca a 25 puntos es necesario tomar medidas muy exigentes de seguridad y trabajar con riesgos calculados en lo posible, por el mismo ejecutivo protegido.

Riesgo Calculado. Es la determinación de la existencia del peligro, pero sin embargo se acepta la exposición al mismo por parte del personaje.

Las vistas, constituyen medidas generales de protección, las cuales requieren ser complementadas con los resultados que arroje el

ESTUDIO DE SEGURIDAD PERSONAL Y FAMILIAR

El jefe de Seguridad y el jefe del equipo de escolta no sólo responden por la seguridad del personaje sino también por la de su familia por ser ésta una extensión de su persona. Debido a esto, el Estudio de Seguridad debe abarcar todo el grupo familiar.

La persona que se encargue del estudio de seguridad personal debe saber, aceptar y manejar que le va a ser difícil obtener la información que requiere, especialmente por los miembros jóvenes que consideran las medidas de protección como algo que limita o disminuye su privacidad; ante esto el asesor debe demostrar que la necesidad de la seguridad y protección. Antes de las entrevistas y con el objeto de que quien va a realizar el estudio, tenga argumentos o razones válidas, es necesario que se observe y analice el espectro vital del personaje y su familia.

Entre otras cosas se deben establecer:

- Lugares y actividades
- Rutas e itinerarios diarios
- Personas que se relacionan con el protegido
- Núcleo familiar
- Núcleo de amistades más frecuentadas por el ejecutivo
- Núcleo laboral
- Residencia y vecindario
- La empresa y la oficina
- Relaciones comerciales
- Reuniones privadas u oficiales
- Viajes comerciales
- Viajes vacacionales o recreacionales
- Actitud y aptitud del personaje y cada uno de los miembros de la familia.

Estas observaciones se harán en diferentes días y horas

con el fin de tener una buena aproximación a las necesidades reales.

Una vez que la persona que está haciendo el estudio ha observado y analizado el espectro vital puede determinar:

1. La conformación del equipo de seguridad, teniendo en cuenta:

- Número de escoltas
- Armamento
- Vehículos
- Comunicaciones
- Otros elementos

2. Establecer en la residencia, si es necesario:

- Tomar medidas de seguridad perimetral y servicio de vigilancia
- Instalar alarmas sonoras, ópticas y/o botón de pánico (aviso)
- Mejoramiento de la iluminación
- Instalar equipos electrónicos contra intrusos en el perímetro y dentro de la residencia
- Necesidad de radio-comunicaciones
- Conformar el cuarto de seguridad
- Necesidad de rastreo de llamadas telefónicas
- Coordinaciones de seguridad al personal de vigilantes

- Control de parqueaderos y vehículos
- Eliminación de vulnerabilidades.

3. Establecer en las oficinas:

- Grupo de Reacción Inmediata (G.R.I.)
- Control de visitantes
- Movimientos del personaje dentro y en los alrededores de a la empresa
- Control del personal que trabaja cerca al personaje
- Procedimiento para hacer reuniones externas e internas
- Sistemas de alarma
- Necesidades de instalación de equipos contra intrusos
- Conveniencia de una sala o cuarto de seguridad
- Evacuación para casos de paros y huelgas
- Código general de comunicaciones

4. Con relación a las rutas que se toman a diario se establecerá:

- Variedad de rutas
- Rutas alternas
- Usos de claves y códigos específicos para cada movimiento
- Flujo vehicular en las diferentes horas

- Necesidades de avanzada, avanazada-avanzada y/o vehículo piloto
- Posible velocidad de desplazamiento de los vehículos
- Tiempos

5. Sobre los actos sociales, actividades de negocios, actividades recreativas y viajes se debe tener en cuenta:

- Permanente comunicación con la secretaria de gerencia para recibir la información necesaria, pero esto debe hacerlo sólo el líder del grupo o quien lo reemplace y no cada escolta por su cuenta.
- Se deben establecer itinerarios dentro y fuera del país
- Necesidades de reconocimiento
- Medidas de precaución sobre la marcha.
-

FINALMENTE, SOBRE EL ESTUDIO DE SEGURIDAD SE DEBE TENER EN CUENTA QUE:

- Los aspectos se deben tratar sin causar pánico ni alarma
- Hay que hacer ver la posibilidad de que no sólo es secuestrable el personaje, sino cualquier miembro

de la familia y lo que es peor, una mujer o un menor.

DURANTE LAS ENTREVISTAS QUIEN LAS REALICE DEBE LOGRAR QUE SE DESECHEN LAS IDEAS DE QUE:

- Las medidas de seguridad van a ser mal vistas por los vecinos
- Las medidas de seguridad no generan rentabilidad
- La seguridad es asunto de mafiosos
- Se debe llevar una estadística escrita de los últimos secuestros en lo posible ocurridos cerca al vecindario y de personas conocidas.

Una vez que se ha hecho lo anterior, la información recolectada se transforma en un documento que se llamará: ESTUDIO DE SEGURIDAD PERSONAL, el cual tiene la siguiente forma:

ESTUDIO DE SEGURIDAD PERSONAL

Distribución:
   Fecha Inspección:

Original: _____
   Inicial_____

Copia 1: _____
      Ultima_____

Copia 2: _____
      Presente_____

Empresa_____
_____

Dirección: _____ Tls.
_____

Estudio preparado por:
_____

Funcionario de guía y apoyo:
_____

Persona analizada:
_____

¿Incluye grupo familiar? _____ Por qué no?
_____

Instrucciones:

Anote con cuidado o grabe todas las respuestas. En hoja parte incluya todas las aclaraciones que crea necesario hacer para una mejor comprensión del estudio.

I.   **Entorno personal y familiar**

01.   Haga una descripción de la composición de la familia y el ambiente en que se desenvuelve.

02.   ¿Cuál es el objeto principal de sus negocios?

03.   ¿Qué regiones o países conoce o piensa conocer?

04. ¿Se le conoce por un apelativo familiar o por un alias especial?

05. ¿Qué actividades desarrolla en días festivos?

06. Describa sus actividades en día normal

07. ¿Cuáles son los sitios o lugares que más frecuenta?

08. Haga un listado de sus amigos más cercanos

09. ¿Fuera de su núcleo familiar cuáles son los parientes de su mayor confianza?

10. ¿Qué idiomas conoce? Califique su habilidad para hablar, escuchar y escribir, de 1 a 5.

11. Nombre tres personas en quien más confía.

12. Nombre tres personas de menor grado de confianza.

13. ¿Si fuere secuestrado quien sería su negociador?

14. ¿A quién encargaría usted de la parte financiera?

15. ¿Cuál es su actitud frente a la seguridad?

16. ¿Se ha detenido a meditar sobre el secuestro? ¿A qué conclusiones ha llegado? ¿Las podría poner en práctica en caso de ser una víctima?

17. ¿Sabría cómo comportarse en caso de ser secuestrado? ¿Cómo lo aprendió?

18. ¿Su familia ha recibido alguna instrucción? ¿Es partidario de que sus familiares asistan a un curso de este tipo para estar preparado en caso de un evento d esta naturaleza?

19. ¿Ha asistido a algún cursillo antisecuestro? ¿Usted ha hablado con alguna víctima o amigo recientemente liberado? ¿Esta reunión le dejó alguna enseñanza de carácter práctico?

20. ¿Es partidario de que se pague un recate por usted? ¿O preferiría morir porque es partidario de que el recate económico es un multiplicador del delito?

21. ¿Cómo se define usted?
    - Confiado   - rutinario   -
    desconfiado
    - Previsivo   - impulsivo   -
    temerario
    - Sereno   - disciplinado   -
    valiente
    - Miedoso   - cauteloso   -
    detallista
    - Temeroso   - Prudente   -
    Peleador
    - Amable   - Despreocupado   -
    Indisciplinado

22. ¿Ha sentido usted una amenaza cercana? ¿Cómo fue su reacción? ¿Cree usted que la reacción fue correcta?

23. ¿Prestó servicio militar? ¿Cree usted que el entrenamiento militar es de gran ayuda para

sobrellevar el secuestro, y que una persona entrenada tiene más oportunidades de aprovechar las debilidades de los secuestradores para intentar una maniobra de escape con probabilidad de éxito?

II.   Seguridad física residencial

24.   ¿Cuál es el estado de integridad del perímetro? (Se describe el perímetro utilizando el sistema de las cinco líneas o círculos concéntricos de seguridad)

25.   ¿Existe algún tipo de cerramiento? Descríbalo.

26.   ¿La vegetación adyacente ayuda o dificulta la tarea de proteger o asegurar la residencia? ¿Se efectúa algún trabajo de jardinería o de mantenimiento teniendo en la mira la función de seguridad? ¿Cuáles serían los trabajos de seguridad más urgentes que se deben hacer en el perímetro?

27.   ¿Qué factores de riesgo es posible determinar en el vecindario? ¿Se dispone de un inventario de estos riegos o amenazas?

28.   Describa el procedimiento de control de accesos.

29.   ¿Cómo se controla la entrada y salida de personas ajenas al círculo familiar?

30.   ¿Existen rasgos topográficos que afecten negativamente la seguridad de la residencia? Descríbalos. ¿Cómo se podrían anular?

31. ¿Cuáles son las vías de acceso? ¿Se puede contar con vías alternas o de emergencia? ¿Hasta qué sitio?

32. ¿Las características del diseño estructural de la residencia brindan algún grado de seguridad?

33. Si no es así, ¿Qué modificaciones recomendaría para: muros, techos, pisos, puertas y ventanas?

34. ¿Cuál es el estado de la iluminación perimétrica? ¿Quién es el encargado de su mantenimiento?

35. ¿Existe algún sistema de energía de emergencia?

36. Describa los sistemas de alarma disponibles: ¿Son adecuados? Si no lo son, ¿Qué tipo de alarma es recomendable? ¿El sistema de alarma debe estar conectado a la policía o a una empresa de monitoreo?

37. ¿Recomendaría usted un sistema de circuito cerrado de televisión CCTV?

38. ¿Se dispone de una sala de seguridad? ¿Está dotada? ¿Cómo podría mejorarse esa dotación?

39. ¿Existen normas de control sobre el correo, los paquetes, los regales y las encomiendas? ¿El personal que se encarga de recibirlos ha tenido algún entrenamiento o, por lo menos, se la ha impartido instrucciones especiales de precaución?

40.   ¿Se ha efectuado un análisis de confiabilidad a todo el personal que trabaja para la familia? ¿Se mantienen registros escritos de este aspecto?

41.   ¿Sería recomendable el empleo de perros? ¿Existe un lugar adecuado para mantenerlos?

42.   ¿El personal de servicio doméstico ha sido objeto de seguimiento por parte del Departamento de seguridad de la empresa?

43.   ¿La Compañía de Vigilancia que presta servicio en el Conjunto Residencial o en la residencia del personaje es idónea, sus vigilantes son capacitados y entrenados?

44.   ¿Existen claves y códigos de comunicación radial, telefónica y visual, para advertir contratiempos al personaje?

III.   Seguridad en el lugar de trabajo

45.   ¿Es apropiado el control de accesos? Describa el sistema utilizado.

46.   ¿La oficina cuenta con un perímetro seguro?

47.   ¿El parqueadero del personaje está asegurado?

48.   ¿Los vigilantes de portería, recepcionistas y escoltas conocen los procedimientos de seguridad?

49.   ¿Las llaves de las puertas de acceso a la oficina están controladas? ¿Existe un sistema para evitar que personal de la empresa en paros y huelgas

tenga acceso a la oficina y pueda secuestrar al gerente dentro de la misma?

50.	¿Cada cuanto se cambian las guardas o los cilindros de las chapas?

51.	¿Cuál es el estado de aseguramiento de: puertas, ventanas, claraboyas, closets, ¿vistieres y baños?

52.	¿La oficina y sus zonas de acceso cuentan con buenos sistemas de alarma?

53.	¿Hay botones de pánico en la oficina, el baño y la sala de juntas?

54.	¿El control de visitantes es seguro? ¿Se firma el ingreso? ¿Cuál es el procedimiento de la recepcionista en caso de sospecha? ¿Hay un vigilante o escolta para apoyarla?

55.	¿La oficina dispone de una sala de seguridad?

56.	¿Se cuenta con un circuito cerrado de televisión? CCTV? Y ¿Es efectivo?

57.	¿Cómo se programan las reuniones del personaje con sus asesores y con otras personas ajenas a la empresa?

58.	¿Cómo se controla el correo paquetes y regalos?

59.	¿Existe un estudio de seguridad de los empleados que trabajan cerca dl personaje?

60.	¿El personaje cuenta con un sistema de grabación personal y telefónico?

61. ¿Se inspecciona la oficina en busca de equipo clandestino de grabación o de transmisión?

62. ¿Las puertas y las ventanas están construidas con materiales de seguridad? ¿Las chapas y cerraduras son resistentes?

63. ¿Se inspecciona diariamente la oficina? ¿Quién ejecuta esta tarea? ¿Se deja un registro escrito?

64. ¿Se dispone de un equipo de detección de armas, de gases y explosivos?

65. ¿Cómo se controla el acceso del personal de aseo y de mantenimiento y los depósitos que utilizan para sus elementos?

66. ¿Existe un plan de emergencia? ¿La oficina tiene un plan de prevención de incendio? ¿Se han efectuado ensayos? ¿Con qué frecuencia? ¿Cuáles han sido los resultados? ¿Se deja constancia escrita?

67. ¿Se cuenta con equipo de oxígeno y de primeros auxilios?

68. Los principales aspectos negativos son: (Clasifíquelos por tipo, grado de importancia y urgencia en su solución)

69. Principales aspectos positivos. ¿Cómo mantenerlos y mejorarlos?

70. ¿Está conformado el **GR. I**? (Grupo de Reacción Inmediata), integrado por escoltas, recepcionistas, secretarias, patinadores y mensajeros?

IV. Desplazamientos, rutas, actividades y viajes

71. ¿Qué tan adecuado es el equipo de escoltas de que se dispone? ¿Se cuenta con vehículo blindado y el nivel del blindaje es el adecuado? ¿Qué seguridad tiene el vehículo de los escoltas y el de la avanzada? ¿Hay motociclistas?

72. Efectúe un análisis separado con relación a cada elemento del equipo de protección personal:

- Conductores
- Jefe de escolta
- Escoltas
- Armamento
- Equipo especial requerido
- Grado de entrenamiento

73. ¿Se cuenta con servicio de avanzada que haga reconocimiento e inteligencia de rutas y áreas críticas o zonas rojas?

74. ¿Las rutas que se utilizan son las más apropiadas y mejor clasificadas?

75. ¿Están descritos y señalizados los santuarios? ¿Con qué frecuencia se actualiza este dato?

76. ¿Se le han hecho auditorias al equipo de escoltas para comprobar que está operando y comportándose correctamente?

77. ¿Se cuenta con un manual de operaciones o procedimientos del equipo de escolta?

78. Describa los grados de alistamiento establecidos.

79. Describa el funcionamiento y operación de las comunicaciones.

80. ¿Se cuenta con manual de códigos y claves de comunicación? ¿Se dispone de un I.O.C.? (Instrucciones Operativas de Comunicación).

81. ¿Se cuenta con un manual POP (Procedimientos Operativos Permanentes)

82. Describa las medidas de protección que se observan en el parqueo de los vehículos de seguridad, durante la noche y cuando los vehículos no están en operación.

83. ¿Existe un plan de seguridad para cada uno de los sitios de reunión del personaje? ¿Se envía con anticipación a un hombre de seguridad para obtenga información e inspeccione el lugar interna y externamente?

84. ¿Cuál es el grado observado de coordinación entre el equipo de escoltas y las autoridades?

85. Principales aspectos positivos observados. ¿Qué medidas deben tomarse para mantenerlos y mejorarlos en calidad y efectividad?

86. Principales aspectos NEGATIVOS: Clasifíquelos por tipo y por grado de importancia teniendo en cuenta factores tales como gravedad, impacto, frecuencia y tendencia observados.

83. Aspectos que requieran acción urgente: deben ser de conocimiento inmediato pero reservado de los directivos con autoridad para influir en la ejecución del plan.

V. Departamento de Seguridad

84. ¿Qué opinión le merece a usted el Plan de Protección? ¿Quién o qué agencia especializada lo elaboró? ¿Qué cambios o ajustes sería conveniente efectuar? ¿Cada cuánto es objeto de revisión?

85. ¿Se dispone, conoce y se ha practicado el Plan de Protección con el grupo familiar?

86. Describa el ciclo de entrenamiento y de capacitación que reciben tanto en aspectos básicos como en intermedios y avanzados, los escoltas y los conductores.

87. ¿Quién o qué agencia especializada es la encargada de cumplir el Plan de Entrenamiento de la Sección de Protección Personal? ¿Asistió el personaje y su familia a alguna fase del entrenamiento? ¿Qué concepto merece la calidad del entrenamiento impartido?

88. ¿Qué concepto le merece el Manual de Operaciones del Equipo de Escolta? ¿Qué modificaciones se le pueden hacer?

89. ¿Se cuenta con un manual de procedimientos operativos tipo POP o SOP? (Procedimientos Operativos Permanentes y Sumario de Ordenes Permanentes)

90. ¿Se ejerce alguna auditoría al programa de protección? ¿Quién la hace? ¿Es propia o contratada?

91. ¿Qué tipo de controle se lleva sobre el personal de escoltas y conductores? ¿Se ejecuta algún trabajo de seguimiento y contrainteligencia?

92. ¿Cómo aprecia el nivel de la moral y el espíritu de cuerpo del grupo de protección?

93. Describa los principales aspectos positivos encontrado en el Departamento de Seguridad.

94. Aspectos negativos encontrados: ¿Cuáles requieren acción correctiva urgente o prioritaria dado su grado de importancia, impacto, frecuencia, tendencia o gravedad?

95. ¿El departamento de seguridad ha elaborado sociogramas (documento mediante el cual cada

uno del grupo dice con quién le agrada trabajar) y ajusta los turnos de servicio y las misiones a sus resultados?

96. ¿Se controla que el personal de escoltas y conductores cumplan con sus turnos de descanso?

97. ¿El programa de mantenimiento de los vehículos se cumple con exactitud?

98. ¿El programa de mantenimiento del armamento se cumple?

99. ¿El programa de mantenimiento de las comunicaciones se cumple?

100. ¿Las licencias de funcionamiento del Departamento de Seguridad, permiso de los vehículos blindados, salvoconductos de armamento, licencia de comunicaciones y credenciales de la Superintendencia de Vigilancia y Seguridad Privada, y los permisos de la Dirección de Seguridad Aeroportuaria están al día?

Estudio elaborado por_____

Cargo_____

Empresa asesora_____

Fecha de entrega_____

_____
Firma

Hecho el estudio de seguridad personal, tenemos una base completa para definir las fortalezas y vulnerabilidades del personaje y su familia y con esta base, debemos elaborar el Plan de Seguridad, para el cual deben tenerse en cuenta los siguientes principios:

1.   Un Plan de Seguridad no se fundamenta exclusivamente en el uso de armas de fuego. Al respecto los entendidos en seguridad tienen el concepto de que:

"En seguridad privada, si se tienen que utilizar las armas de fuego, es porque los planes del jefe de seguridad y los procedimientos del equipo de escoltas, fallaron en sus deberes de prevención y disuasión"

2.   Es posible sortear un problema con éxito, si se está preparado para lo peor.

3. El sicariato y secuestro son experiencias traumáticas y dolorosas, pero que se pueden hacer menos difíciles de manejar si se cuenta con un Plan de Seguridad.

4. Todo plan se basa en supuestos o hipótesis, que deben suceder para que el plan se cumpla, el equipo de seguridad debe "viajar al futuro", imaginarse el día del secuestro y definir con honestidad **que sería capaz de hacer** y **que no sería capaz de hacer**; regresar al presente y empezar a trabajar para evitarlo.

SECRETO

PLAN DE PROTECCION PERSONAL

Lugar fecha y hora

Copia Nro. ___ de___ Copias

I. OBJETIVO

➤ Establecer pautas de comportamiento frente a la probable amenaza de secuestro o sicariato.

➤ Reducir riesgos de secuestro o de atentados personales

➤ Manejar la situación de crisis sin producir mayores daños o generar nuevos riesgos

II. SITUACION GENERAL

1. La amenaza

▪ Se hace un análisis de la frecuencia actual del delito en Colombia, en el departamento y en la ciudad.

- Se establece la tendencia del delito (sí le frecuencia crecerá o disminuirá)
- Se hace un análisis en relación con los delitos de secuestro y sicariato de los siguientes aspectos: Situación socioeconómica (que estratos están siendo más afectados) Situación política Situación Militar
- De que segmentos de la población se han convertido este tipo de delitos en un modo de vida (por ejemplo, población carcelaria que dirige secuestros y extorsiones desde su centro de reclusión)

2.   El nivel de riesgo

Se calcula tanto para el ejecutivo como para el equipo de escolta, y para las personas que frecuentemente acompañan al ejecutivo por diferentes motivos, teniendo en cuenta que este nivel de riesgo depende básicamente de los siguientes factores:

2.1   La naturaleza, duración y situación de seguridad en los lugares visitados en la ciudad de residencia y en las que se frecuentan.

2.2   La actividad social y familiar en días libres.

2.3   El mayor o menor grado de notoriedad u ostentación personal y familiar.

2.4 El descuido en aplicar razonables y lógicas precauciones de seguridad.

3. Políticas de seguridad

En esta parte se fijan normas y políticas de actuación tanto para los ejecutivos en relación con su equipo de seguridad, como del equipo de seguridad en relación con el ejecutivo y se establecen por ejemplo aspectos como:

3.1. La escolta debe ser un equipo de seguridad eminentemente preventivo y disuasivo.

3.2. El sistema de protección y táctica operacional del equipo de escolta debe permitir al personaje y a su familia libertad y privacidad.

3.3. El personaje y su familia deben colaborar con el equipo de seguridad asignado, con el fin de facilitarles su tarea de protección.

3.4. El personaje no debe exponerse él, ni el equipo de seguridad sin necesidad. Cuando sea inevitable tomar un riesgo, se debe reforzar la escolta con hombres, armas y otros medios, de tal manera que sea capaz de eliminar la amenaza previsible, probable, actual, conocida o desconocida.

3.5. El equipo de escolta debe contar con un entrenamiento eficiente y hacer cursos de actualización ya que a pesar de contar con un buen sistema de protección existe la posibilidad de que los antisociales puedan golpear con éxito empleando medios superiores a los del equipo

3.6. Se debe eliminar de la escolta aquellos miembros que manifiestan saber todo y no necesitar de entrenamiento, ya que esos conceptos los convierten en vulnerabilidades.

IV. EJECUCION

1. Cómo ejecutar el plan

3

EQUIPO DE ESCOLTAS

Definición

EQUIPO ESCOLTAS

Es el conjunto de personas entrenadas y equipadas, dirigidas por un líder o jefe de avanzada, los cuales se seleccionarán para brindar protección según sea necesario.

Para empezar, la clave está en la planeación. Una notificación a tiempo del viaje a realizar por el personaje a proteger, evaluar y determinar los riesgos.

Los Escoltas son profesionales especializados en el campo de la Seguridad y su misión radica en proteger a un individuo o a un grupo de personas de cualquier tipo de peligro, tales como un robo, secuestro, ataque, acoso, entre otras circunstancias que atenten contra la integridad Personal del Protegido; por lo general, trabajan para altos funcionarios del gobierno, ejecutivos o demás personalidades públicas.

DESCRIPCION GENERAL DE UN EQUIPO DE ESCOLTAS

Algunos personajes importantes, como los altos

funcionarios del estado, pueden darse el lujo de desplazarse acompañados de un verdadero ejército de escoltas, los cuales cubren prácticamente todos los problemas de seguridad que se puedan presentar. Desafortunadamente, este no es el caso de los ejecutivos de las compañías privadas, quienes sin embargo pueden enfrentar riesgos similares e incluso mayores.

Para empezar, la clave está en la planeación. Una notificación a tiempo del viaje a realizar por el personaje a proteger, evaluar y determinar los riesgos.

AVANZADAS   Las avanzadas tienen un propósito principal, disponer de la seguridad previa a la llegada a algún lugar. Una de las funciones primordiales de los hombres de avanzadas es el planeamiento de rutas, apostar o colocar agentes en uno o más lugares con el fin de tomar medidas en materia de seguridad, asignándose puesto con horas de anticipación, estos agentes deben realizar una inspección previa con el fin de preparar un plan de reacción en caso de emergencia.

ESCOLTA DE AVANZADA

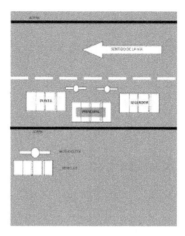

Es el agente designado para llevar a cabo la inspección de seguridad de la ruta a ser transitada por el dignatario a pie o en vehículo.

SITIO SEGURO – ÁREA SEGURA

Cualquier lugar que ha sido inspeccionado, registrado y hecho libre de personas desautorizadas y manteniendo seguro hasta que el dignatario haya dejado el área.

EQUIPO DE REGISTRO

Los agentes designados para inspeccionar un área, habitación, vehículo, avión, etc., en busca de artefactos explosivos, trampas explosivas, etc., antes de la llegada del dignatario.

AGENTE DEL SITIO

Es el agente responsable por la inspección de seguridad y de las medidas de seguridad en un local (hotel, aeropuerto, restaurante) que va a ser visitado por el dignatario.

LA ORGANIZACIÓN DEL GRUPO DE ESCOLTAS

Escalafón de mando. Debe haber un jefe de escoltas y de acuerdo a las formaciones aumenta la cantidad de hombres los cuales tendrán funciones específicas y una posición dentro de las mismas.

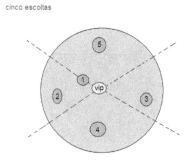

La escolta perfecta. Una escolta perfecta según varios hombres expertos en seguridad, consta de cinco hombres en una formación de diamante, ya que ellos protegen todos los 360 grados (sistema de reloj) y dan una protección al dignatario en todos los flancos.

FORMACIONES. Las formaciones tienen como fin garantizar la seguridad del protegido en los desplazamientos a pie, son las siguientes:

Simple

Doble

Cuña

Cajón

Diamante

Funciones del equipo

Reunirse y coordinar con la sección de inteligencia para obtener información sobre:

Ambiente Político.

Situación De Seguridad

Amenazas Por Parte De Grupos Extremistas

1-Planificar actividades diarias y medidas de seguridad para los clientes:

2-Revisar la agenda diaria del cliente.

3-Designar tareas a cada miembro del equipo o al cuerpo de seguridad.

4-Preparar medidas de seguridad y planes de contingencia.

5-Al transportar a los personajes bajo su

protección al lugar al que necesiten ir:

a-Conducir vehículos blindados.

b-Estar en la capacidad de evaluar cualquier falla del vehículo.

c-Ser capaz de realizar maniobras evasivas cuando sea necesario.

d-Custodiar el vehículo luego de dejar al cliente en su destino.

Permanecer alerta para recoger al Personaje en la ubicación acordada cuando sea necesario.

6-Escoltar a sus Protegidos:

a-Suministrar protección personal a sus clientes.

b-Evitar que individuos no identificados se acerquen a su cliente.

7-Permanecer alerta ante agresores potenciales:

a-Escoltar y guiar al **V.I.P** para que salga de un área peligrosa.

b.Reguardar al **V.I.P** en un lugar seguro mientras pasa la crisis.

8-Realizar una revisión previa en los lugares en los que estará el cliente:

a-Inspeccionar los vehículos para descartar la presencia de explosivos.

b-Monitorear el área para determinar si hay

francotiradores en los alrededores.

c-Detectar la posible intervención de artefactos electrónicos.

9-Revisar los antecedentes de las personas que tendrán interacción con el cliente:

a-Revisar la lista de personas que estarán en el evento o lugar al que asistirá el cliente.

b-Analizar el perfil de cada individuo para descartar posibles amenazas.

10-Realizar acciones defensivas con o sin armas:

a-Recurrir al combate mano a mano para proteger al cliente.

b-Utilizar armas no letales, tales como gas pimienta, paralizadores eléctricos, toletes o bastones retráctiles para proteger al cliente.

c-Utilizar armamento letal, tales como armas de fuego, revólveres, metralletas, entre otros.

11-Monitorear los alrededores del lugar en el que se encuentra el **V.I.P**

a-Estar en comunicación constante con el resto del cuerpo de seguridad.

b-Reportar cualquier actividad sospechosa.

c-Reportar los movimientos y el paradero del cliente.

Reunión previa para coordinar:

- ✓ Transporte
- ✓ Comunicaciones
- ✓ Medios técnicos
- ✓ Armas, protección blindada, otros.

Coordinación   externa:

- ▪ Reunirse y coordinar con los escoltas del protegido
- ▪ Programar   los itinerarios
- ▪ Composición del grupo de acompañantes.

Organización de grupos:

1-Grupo de seguridad o protección

Debe tener como mínimo cuatro 4 integrantes que permanecen con el personaje para suministrarle protección durante sus movimientos. Uno será el conductor, otro será el jefe del grupo de escoltas y el jefe de seguridad próximo al Personaje y sus acompañantes del vehículo escolta que forman círculos de seguridad alrededor del dignatario.

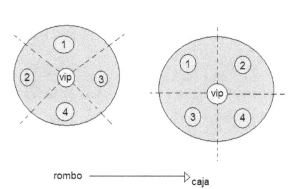

2-Grupo de inteligencia

Durante los períodos en que no hay movimiento, el grupo de seguridad debe compartir la responsabilidad adicional de conseguir y analizar datos de información para hacer inteligencia, preparar futuros planes y movimientos para comunicárselos al Jefe o Departamento de Seguridad de la Empresa, sobre lugares que visitarán, rutas, personal que debe ubicarse en lugares claves, mantener contacto y enlaces con los organismos de Seguridad del estado, verificar la información y mantener enterado al grupo de seguridad.

Preparar planes de contingencia ante cualquier emergencia, verificar la efectividad del sistema de seguridad adoptado y verificar si se está cumpliendo de acuerdo al objetivo.

Escalafón de mando dentro del equipo de escoltas:

Debe haber un jefe de escoltas y de acuerdo a las formaciones aumenta la cantidad de hombres los cuales tendrán funciones específicas y una posición dentro de las mismas.

La escolta perfecta. Una escolta perfecta según varios hombres expertos en seguridad, consta de cinco hombres en una formación de diamante, ya que ellos protegen todos los 360 grados (sistema de reloj) y dan una protección al dignatario en todos los flancos.

CONSIDERACIONES DEL JEFE DE ESCOLTA

Debe fijar su atención en los siguientes puntos:

1. Sitio de seguridad del VIP. Estos pueden ser:

✓ El automóvil

✓ Habitación de seguridad.

Siempre hay que asegurarse de que todos los miembros de la escolta sepan dónde están los puntos de seguridad.

2. Vehículos: hay que saber en todo momento donde se encuentran los conductores, ysaber sus obligaciones de horarios, rutas, rutas de evacuación, hospitales, etc.

3. Lugar para evacuar al VIP: El punto más difícil de determinar, se debe dar y conocerlo todo el equipo, porque cuando se quiera evacuar al VIP, se debe hacer rápidamente y sinel mínimo titubeo.

4. Ruta de evacuación.

5. Preocuparse del servicio.

➢ **Comunicar el plan al jefe del grupo de escoltas.**

Si por cualquier circunstancia no se tiene posibilidad de preparar este plan de evacuación con anticipación suficiente y no se dispone de tiempo, la obligación de hacerlo es del jefe de escolta. Se puede evacuar directamente al coche. Enviar delante un hombre deavanzada para que busque una habitación en el hotel (dejando en la misma un puesto de seguridad).

Consideraciones del jefe de escolta o de avanzada

Debe fijar su atención en los siguientes puntos:

6. Sitio de seguridad del VIP. Estos pueden ser:

✓ El automóvil

✓ Habitación de seguridad.

Siempre hay que asegurarse de que todos los miembros de la escolta sepan dónde están los puntos de seguridad.

7. Vehículos: hay que saber en todo momento donde se encuentran los conductores, ysaber sus obligaciones de horarios, rutas, rutas de evacuación, hospitales, etc.

8. Lugar para evacuar al VIP: El punto más difícil de determinar, se debe dar y conocerlo todo el equipo, porque cuando se quiera evacuar al VIP, se debe hacer rápidamente y sinel mínimo titubeo.

9. Ruta de evacuación.

10. Preocuparse del servicio.

CONCEPTOS GENERALES DE LOS PELIGROS Y RIESGOS DE UN EQUIPO DE ESCOLTAS

1. Categorías comunes de peligro

Existen dos peligros principales para los **V.I.P:** el asesinato y el secuestro.

A-El asesinato: Puede ser cometido por grupos bien entrenados o por un solo individuo, utilizando una gama de herramientas que pueden incluir desde armas blancas armas de fuego y explosivos.

1-El asesinato puede ser espectacular, pero normalmente solo consigue publicidad a corto plazo.

2-El PMI protegido corre el mayor riesgo (ser asesinado cuando está en tránsito entre un área relativamente segura y otra. El viaje que implica mayor riesgo es el rutinario predecible (por ejemplo, entre el hogar y la oficina).

3-Los artefactos explosivos son herramientas útiles para un asesinato, debido a que le ofrecen varias ventajas.

A-Distancia al blanco.

B-Múltiples métodos de detonación.

C-Daños visibles (algo que las cámaras de los reporteros pueden mostrar)

D-Menor necesidad de tener presión.

E-Puede colocarse con bastante anticipación.

B-El secuestro: Es la operación más difícil de llevar a cabo con éxito, debido a que exige que el ataque u atacantes asuman el control físico del protegido, escapan del lugar con él, mantengan el control físico durante un período prolongado y determinen cómo va a terminar el acto terrorista.

EL secuestro puede proporcionarle al secuestrador, dinero, la liberación de terroristas encarcelados, y abundante publicidad para la comunicación de declaraciones políticas; Hay dos situaciones generales para los secuestros:

A-Un desplazamiento de seguridad estático.

B-En el recorrido o ruta.

Los pistoleros solitarios o "sicarios" son una categoría especial de atacante; Este es un individuo independiente que actúa por su propia cuenta, que puede o no tener las motivaciones que suelen asociar con los terroristas, Sicópatas.

METODOLOGIA DEL ATACANTE

A-Este es un individuo independiente que actúa por su propia cuenta, que puede definirse como el uso de la violencia para conseguir objetivos políticos, religiosos o ideológicos. Es un acto criminal cuyo fin es influir en una audiencia mientras que la víctima en muchos de los casos no es el verdadero objetivo.

B-El saber cómo suelen operar los terroristas, le permite al oficial de protección o jefes de escoltas analizar la vulnerabilidad del **V.I.P** protegido, a fin de atacar y utilizar la metodología delincuencial de los terroristas en contra de ellos; existen algunos Factores que influyen el proceso:

1-El objetivo del grupo terrorista:

a-Generar terror.

b-Sustitución de los altos mandos.

c-Propaganda a través de acciones concretas.

2-La motivación del grupo Terrorista:

a-Política

b-Religiosa

c-Ideología

d-Un tema especifico

Características de las posibles víctimas, por ejemplo:

a-Quienes son.

b-Por su grado y cargo.

c-Susceptibilidades a sus hábitos personales y profesionales.

d-La cantidad y calidad de seguridad que lo rodea

e-El nivel de predictibilidad (hora y lugar)

f-La ubicación y seguridad del lugar de la oficina.

g-La ruta o rutas usadas para los viajes habituales

Las características del grupo terrorista:

a-Su capacidad para la vigilancia.

b-Su capacidad de actuar con base en la información recogida en la vigilancia.

c-Arma, equipos, dinero y otros apoyos logísticos.

d-Su preferencia por ciertos tipos particulares de ataque.

El proceso de planeamiento de un ataque a menudo sigue los pasos indicados a continuación:

1-selección inicial de la víctima.

2-Selección de las victimas más fáciles.

3-Vigilancia adicional.

4-Selección final de la víctima.

5-Planeamiento del ataque y escape.

6-Ensayo y estimación del tiempo del ataque.

7-Despliegue del equipo de ataque.

8-Realización del ataque.

Los tipos de emboscada que se incluyen son:

1-Emboscadas móviles.

2-Emboscadas Fijas.

3-Emboscadas en ruta.

1-Emboscadas Móviles: ocurren cuando la víctima está en tránsito **(moviéndose)** o cuando la víctima esta estática, pero los terroristas son los que están en movimiento y no estacionados en un lugar fijo; A menudo este tipo de emboscadas se llevan a cabo utilizando una motocicleta, de alto cilindraje con un pasajero. Pueden ser realizadas también por un atacante a pie.

2-Emboscadas Fijas: el ataque se efectúa cuando la víctima esta estacionaria o cuando el elemento atacante esta estacionado de antemano en un lugar fijo **(francotiradores).** Puede usarse o no una barricada para controlar a la víctima dentro de la zona de muerte.

3-Emboscadas en Ruta: Las bombas son los Elementos más utilizados para realizar una emboscada en Ruta y son dispositivos explosivos, detonados en forma remota o Controlada por las acciones de la víctima y colocadas en la ruta de la misma; La única defensa real contra los atentados con explosivos es la prevención.

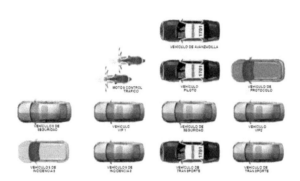

Las bombas en la ruta suelen esconderse, disfrazarse como otros objetos, y por lo tanto, es casi imposible que el personal de avanzada o reconocimiento las detecte.

Los explosivos en la ruta se suelen ubicar en un punto de ahogo a lo largo de una ruta anunciada; El armado y detonación ocurre a menudo mediante un dispositivo de disparo cableado, controlado por un terrorista del equipo de ataque.

También hay sistemas inalámbricos disponibles, y algunos de ellos han sido utilizados para armar y detonar dispositivos. se han presentado casos de terrorismo internacional en el que el dispositivo fue armado en forma remota y, posteriormente, la acción de la víctima al interrumpir su vehículo un rayo de luz activó el dispositivo.

Si se usan alambres, los mismos no tienen por qué llegar hacia la persona que dará la orden de detonar el dispositivo. La persona **"EXPLOSOR"** puede estar en comunicación con alguien que tiene control visual de la zona de muerte.

A menudo la persona que arma o detona el dispositivo tendrá puesto un disfraz para ejecutar la acción.

Una cuestión fundamental para el grupo o individuo que utiliza una bomba en ruta es la ubicación de un punto de observación.

Este es el lugar físico donde se colocará la persona que va a armar o detonar el dispositivo en forma remota, o la persona que se comunica con el explosor.

Esta persona tiene que ver el dispositivo y la víctima con el tiempo suficiente para determinar el momento del armado y detonación.

A menudo se usa un punto de referencia, por ejemplo, un objeto como vehículo o una columna. Como ayuda para determinar el momento más apropiado para armar y detonar el dispositivo.

Normalmente un punto de observación requiere altura,

pero en terreno plano puede ubicarse a 90 grados del camino.

Algunas ventajas que poseen los terroristas.

1-Ellos eligen la víctima, el método, el lugar y la hora del ataque

2-Puede conseguir la disponibilidad de hombre y armamento.

3-Es difícil identificarlos

4-Las víctimas suelen ser tomadas por sorpresa y el ataque puede tener tres principios básicos importantes, los Cuales debemos tener muy Presentes:

a-Velocidad

b-Sorpresa

c-Violencia

Al Utilizar la inteligencia de protección para determinar si las fuentes de peligro tienen la capacidad y experiencia para utilizar artefactos explosivos en la ruta. Si se han usado estos dispositivos en el pasado, obtener un perfil de los tipos de dispositivo, los mecanismos de activación, etc.

Determinar si los puntos de ahogo tienen un sector viable de observación cercana.

Desde un posible punto de observación determinar si hay puntos críticos o puntos de enfoque fácilmente utilizables.

Eliminar de los puntos de ahogo, todos los escondites fáciles como recipientes de basura, etc.

si no es posible retirar los coches estacionados en un sitio de ahogo o ruta anunciada, considerar la posibilidad de usar un sistema de identificación.

Hacer un barrido sobre los puntos de ahogo, limpiando y cortando el pasado alto, eliminando los arbustos y prestando mayor atención "a las áreas abandonadas".

A intervalos imprevistos, revisar el suelo alrededor de los puntos de ahogo a lo largo de una ruta anunciada.

Examinar todos los cables electrónicos y eléctricos en un punto de ahogo o a lo largo de una ruta anunciada y ver si no hay cables anómalos.

Controlar la identidad.

Los sucesos del pasado nos dicen que si la víctima es tomada por sorpresa el porcentaje de éxito de los terroristas es de un 90%.

Para los desplazamientos y actividades debe tenerse en cuenta una inspección que comprenda todos los recorridos que el **V.I.P** y los miembros de su familia efectúen en su diario transcurrir. Incluye las rutas, las reuniones, las vacaciones y los viajes. Es la parte más difícil de asegurar y donde se requiere la máxima colaboración de los personajes protegidos. Se Debe tener en Cuenta Los siguientes puntos:

1- ¿Qué tan adecuado es el equipo de seguridad con que se dispone? ¿Se cuenta con un vehículo blindado? ¿El vehículo de la escolta tiene blindaje mediano?

2-Efectué un análisis separado en relación con: conductores de seguridad, el jefe de la escolta, los escoltas, el armamento, el equipo especial requerido y el grado de entrenamiento personal.

3-Se cuenta con una persona que haga el trabajo de reconocimiento e inteligencia de rutas y áreas críticas o zonas rojas.

4-Examine los análisis de rutas y su clasificación.

5-Están descritos y señalados los puntos de ahogo ¿con que frecuencia se actualiza este aspecto?

6-Se cuenta con personal para contra seguimiento con el fin de comprobar que el equipo de escolta está operándose en forma correcta?

7-Se cuenta con un manual de operaciones o procedimientos del equipo de escolta? Cuál es su concepto al respecto.

(8). Describa los grados de alistamiento establecidos.

(9). Describa el funcionamiento y operaron de los equipos de comunicaciones. Se cuenta con un manual de códigos y calves de comunicación. Se dispone de un I.O.C.

(10). Describa las medidas de seguridad que se observan en el parqueadero de los vehículos cuando no están en operación.

(11). Existe un plan de seguridad para cada uno de los sitios de reunión del personaje. Se envía con anticipación a un hombre de seguridad para que obtenga información e inspecciones el lugar interna y externamente.

(12). Cuál es el grado de coordinación observado entre el equipo de escoltas y las autoridades.

(13). Principales aspectos positivos observados. Qué medidas deben tomarse para mantenerlos y mejorarlos en calidad y efectividad.

(14). Principales aspectos NEGATIVOS. Clasificarlos por tipo y por su grado de importancia, teniendo en cuenta factores observados como: gravedad, impacto, frecuencia y tendencia.

PUESTOS DE MANDO Y DE SEGURIDAD.

a. **Puesto de mando o central de comunicaciones.**

1) Un puesto de mando es un centro de comunicaciones. y control a través del cual se coordinan todas las actividades y la información relacionada con una operación de protección.

2) El P.M. funciona como recurso instantáneo para facilitar la información, coordinación y cooperación entre las agencias de seguridad. Es el centro de las comunicaciones telefónicas y radiales.

3) Toda la información relativa a la operación de protección deberá ser canalizada hacia el puesto de mando para que se lleven a cabo el análisis y acciones apropiados.

4) El P.M. debe tener conocimiento absoluto del movimiento completo de protección, incluyendo:

   a) Estudio de rutas.

   b) Avances en emplazamientos.

   c) Hospitales.

   d) Puntos de contacto de inteligencia.

e) Puestos de policía.

f) Asignación de habitaciones.

g) Puestos de seguridad.

h) Números telefónicos.

5) La ubicación del P.M. depende de los siguientes factores:

   a) De la duración de la visita.

   b) Del terreno local.

   c) De las instalaciones existentes.

   d) Del alcance de la visita.

   e) De si se necesita una instalación permanente, temporal o móvil.

   f) Los puestos de mando satelitales deben estar separados del PM principal.

   g) Si es posible, establecer un P.M. central para múltiples protegidos.

6) Puesto de misión especial.

Cualquier actividad considerada necesaria por el jefe de avanzada de la escolta de protección.

   a) Conducir el automóvil del protegido o el vehículo de seguimiento.

   b) Escoltar el equipaje del protegido.

c) Desempeñarse como miembro del equipo de avance o de inteligencia.

d) Trabajar en los puestos de comando.

e) Trabajar en el lugar de inspección de la correspondencia y regalos.

f) Supervisar la preparación de la comida.

g) Sala de seguridad.

h) Puestos de seguridad en el sitio.

(1). Todas las entradas y salidas deben tener puestos de seguridad o estar cerradas con llave.

(2). Las entradas a utilizar deben tener un punto de acceso con guardia.

(3). Todos los puntos de peligro deben ser visibles desde un puesto de vigilancia.

(4). Los lugares seguros deben tener un PS.

(5). Las instalaciones de comodidad designadas para el uso exclusivo del protegido deberán tener puestos de seguridad.

(6). Los puestos de seguridad deben cubrir todas las áreas de estacionamiento de vehículos.

i) Puestos de seguridad en la ruta: Se deben cubrir todos los lugares de partida y de llegada.

CONTROL Y DESARROLLO DE SISTEMAS DE IDENTIFICACIÓN

a. **la custodia de seguridad es la encargada y responsable de la emisión, y destrucción del sistema de identificación.**

    1) Determinar quién necesita identificación permanente.

    2) Registrar el tipo emitido y quien.

    3) Mantener indefinidamente registros de donde y cuando se usan.

    4) Recoger y destruir la identificación permanente cuando ya no se necesite.

    5) Informar inmediatamente de la perdida de identificación permanente.

b. **Supervisar la fabricación de elementos de identificación y llevar cuenta de todos los elementos producidos.**

Si es posible, tomar posesión de las tintas, planchas y materiales.

c. **Realizar investigaciones de antecedentes de aquellas personas que han recibido identificación permanente.**

Como mínimo, realizar verificaciones de nombres con las agencias policiales y de inteligencia para aquellos que van a recibir identificación temporal (si el tiempo lo permite).

MEDIOS DE DIFUSIÓN.

A menudo los medios de difusión están cerca del protegido. El desea una buena cobertura de prensa y mantener una relación sólida con los medios de difusión, para esto se deben tener en cuenta aspectos como:

a. Emitir identificación permanente a los miembros de la prensa asignados a la cobertura del protegido en forma regular.

b. Emitir identificación temporal al personal de noticias asignado a la cobertura de un evento próximo.

c. Instalar una mesa de prensa para controlar el número de miembros de la prensa a quienes se les permite concurrir a un evento.

d. Educar a la prensa sobre los beneficios del sistema de identificación.

   1) Acceso a áreas para uso exclusivo de la prensa.

   2) Las áreas ofrecerán un acceso cercano o puntos de buena visión.

   3) Necesidad de seguridad y libertad en los movimientos

e. Evitar acciones sorpresivas que resulten embarazosas para el protegido.

f. Una vez establecida una buena relación de trabajo, la prensa a menudo se controlará a sí misma.

g. Coordinar los temas de prensa con la oficina de prensa del protegido o con el personal a cargo de las relaciones con prensa.

MESAS DE PROBLEMAS.

a. Las mesas de problemas tienen fundamentalmente personal del protegido, pero el miembro de seguridad puede hacer cumplir las decisiones.

b. Las mesas de problemas se encargan de:

   1) Personas autorizadas sin identificación.

   2) Personas autorizadas que se niegan a llevar puesta o a mostrar su identificación.

   3) Personas no autorizadas que intentan obtener acceso.

Recuerde que, aunque un desconocido tenga identificación, si su apariencia, conducta o conocimiento de los hechos no concuerdan con quien dice ser, **USTED DEBE ACTUAR**. Acérquese y resuelva cualquier duda.

4

CONTROL DEL RIESGO

1. TEORIA DEL RIESGO

DEFINICION:

El riesgo es la proximidad o exposición voluntaria o involuntaria al peligro.

CLASES DE RIESGOS:

- **INOCENTE:** Es cuando no se calcula, no se tiene en cuenta el peligro al que estamos expuestos, teniendo en cuenta que cualquier actividad por mínima que sea tiene riesgo.

- **CALCULADO:** Es cuando al efectuar una actividad sabemos a ciencia cierta los peligros al que estamos expuesto, aceptamos el reto esperando actuar con profesionalismo y con los medios disponibles para prevenir o superar el peligro.

FUENTES DEL RIESGO

Es lo que origina el riesgo y se tienen tres fuentes en la seguridad Privada, vale aclarar que para la seguridad industrial existen otros tipos de fuentes de Riesgos Profesionales.

■ **HUMANO:** El hombre como tal es la mayor fuente de riesgo del mismo hombre, desde el inicio del hombre en la tierra, se ha buscado la Protección él mismo contra él mismo y contra otras. Con este concepto, se puede determinar que no solo existe el riesgo de otros, si no de nosotros mismo en el desarrollo de nuestras actividades, por ello están importante nuestra actitud y nuestras aptitudes para cumplir con la labor encomendada. El hombre por su naturaleza misma, desde su creación es débil ante propuestas ilegales y tentadoras, ante esto debemos tener esa convicción férrea de nuestros principios morales, pero también se determina que el hombre es débil ante el cansancio, la pereza, la enfermedad, por ello debemos estar preparados física y mentalmente.

El otro lado del riesgo humano, es la delincuencia, que, en sus diferentes modalidades y tipos, buscan el mal de otros, sin importar los medios utilizados y los daños que puedan causar. (Ver Modus Operandi).

124

■ **TECNICO:** Son todos aquellos medios técnicos que le dan al G.S. para complementar el cumplimiento de sus funciones, armas, comunicaciones, documentación, informática, vehículos, sistemas electrónicos, que de no saber emplear no cumplen su objetividad y que, de no hacerse un mantenimiento adecuado, en cualquier momento pasan de ser una fortaleza a una debilidad, que pone en riesgo la seguridad del puesto. La tecnología ha llegado para apoyar la actividad de vigilancia y no para desplazarlo, se utiliza como un complemento de la Seguridad, pero la delincuente no se ha quedado atrás, empleando para ello una tecnología más avanzada o buscando el medio para quebrantar los dispositivos que se han colocado, efectúan Monitoreo de comunicaciones, seguimiento, vigilancia electrónica, armamento sofisticado, explosivos, etc.

■ **NATURALES:** Son todos aquellos que son ocasionados por las naturales como sismos, terremotos, inundaciones, avalanchas, huracanes, etc. Hoy día estos fenómenos de la naturaleza, también pueden ser hechos por el hombre y son difíciles de contener, debemos estar preparados para que en caso de sucederse se pueda minimizar los daños.

FUENTES DE PELIGRO.

Los peligros que puede sufrir una personalidad son los siguientes:

- **Asesinato**

Es el peligro más frecuente y que más cuidados para evitarlo debe requerir el servicio de seguridad.

- **Secuestro**

Debe tenerse en cuenta que mientras en el asesinato la acción va directamente dirigida contra la personalidad, en el secuestro el primer problema que deberán resolver los asesinos será la eliminación del servicio de protección para poder llevar a cabo sus planes.

- **Accidentes**

Que son los peligros que puede sufrir la personalidad de modo fortuito y que exigirá de su servicio de seguridad la revisión sistemática de automóviles, edificaciones, sistemas anti- fuego, etc., al fin de reducir al mínimo la posibilidad de que se produzcan.

- **Grupos hostiles**

En este caso las medidas preventivas irán encaminadas a evitar que la personalidad tenga contacto con esta clase de grupos, aunque ello sea difícil y delicado debido a su servidumbre política y pública, y a la legislación de los países democráticos.

- **Actos negligentes de la personalidad**

También es necesario proteger a la personalidad de sus propios actos cuando puedan encerrar algún peligro para ella, aunque este extremo sea de complicada realización dado que es necesario respetar en todo momento el derecho a la vida privada.

Estudio de Nivel de Riesgo.

Es el resultado del análisis técnico de seguridad sobre la gravedad e inminencia de la situación de riesgo y amenaza en que se encuentra una persona natural, familia o grupo de personas, así como de las condiciones particulares de vulnerabilidad que les afectan. El estudio de nivel de riesgo tomará en consideración los factores de diferenciación determinados en el presente decreto.

Riesgo Mínimo.

Ocupa este nivel quien vive en condiciones tales que los riesgos a los que se enfrenta son únicamente los de muerte y enfermedad natural. La persona sólo se ve amenazada en su existencia e integridad por factores individuales y biológicos.

Riesgo Ordinario.

Es aquel al que están sometidas todas las personas, en igualdad de condiciones, por el hecho de pertenecer a una determinada sociedad, genera para el Estado, la obligación de adoptar medidas generales de seguridad a través de un servicio de policía eficaz.

Riesgo Extraordinario.

Es aquel que las personas no están jurídicamente obligadas a soportar y conlleva el derecho de recibir del Estado la protección especial por parte de sus autoridades, de acuerdo a las siguientes características:

a. Que sea serio, de materialización probable por las circunstancias del caso;

b. Que sea claro y discernible;

c. Que sea excepcional en la medida en que no debe ser soportado por la generalidad de los individuos;

d. Que sea desproporcionado, frente a los beneficios que deriva la persona de la situación por la cual se genera el riesgo.

e. Que sea específico e individualizable;

f. Que sea concreto, fundado en acciones o hechos particulares y manifiestos y no en suposiciones abstractas;

g. Que sea presente, no remoto ni eventual;

h. Que sea importante, es decir, que amenace con lesionar bienes o intereses jurídicos valiosos, integridad física, psíquica y sexual para la víctima o testigo.

Riesgo Extremo.

Es aquel que amenaza o vulnera los derechos a la vida e integridad, libertad y seguridad personal y se presenta al confluir todas las características señaladas para el riesgo extraordinario. Adicionalmente, este tipo de riesgo debe ser:

a) Grave e inminente;

b) Dirigido contra la vida o la integridad, libertad y seguridad personal

c) Con el propósito evidente de violentar tales derechos.

ANÁLISIS DE LA SITUACIÓN DE RIESGO.

Antes de emprender la labor debe pensar en la seguridad y la protección; ha de saber evaluar con rapidez y destreza la índole y el alcance de la situación ante la que se podría encontrar; para ello debe tener muy Presente:

1-Evalúe rápidamente todos los riesgos, piense en la seguridad del entorno.

2-Evalúe el porcentaje de probabilidades de salir ileso.

3-Tome la determinación de actuar de modo seguro y proteger al VIP y su Equipo de Escoltas con el equipo adecuado.

4-Vele siempre por la seguridad de su protegido y personas involucradas en la operación, proteja al (**VIP**), escoltas y protéjase usted también.

5-Actúe con el debido apoyo, dé la voz de alarma y pida apoyo en caso de ser necesario; recuerde siempre que de usted depende: **Evaluar, Decidir** y **Actuar.**

En una situación de Riesgo, se Presentan los siguientes aspectos:

1-MODO DE ACTUAR:

Este aspecto se da Sobre el terreno en una Protección VIP; consta de 4 fases Importantes que se deben tener en cuenta; sin descartar ninguna de ellas, estas fases sen las Siguientes:

1-Mantenga la calma: piense antes de actuar.

2-Protéjase usted y al principal, actúe en consecuencia con las normas fundamentales de protección de las personas en situaciones de violencia y nunca olvide respetar las normas de seguridad aprendidas.

3-Brinde ayuda, conforme a su capacidad profesional.

4-Use el sentido común, con profesionalidad: emplee procedimientos y técnicas de eficacia probada.

5-Gestione los recursos como es debido: potencie la labor de equipo y concéntrese en los aspectos prioritarios.

6-Comuníquese con los demás: intercambie ideas e información sobre la situación.

Hay que adecuar las prácticas tradicionales de protección y complementarlas para incluir las necesidades extraordinarias a las que deberá atender en situaciones de conflicto armado y en otras situaciones de violencia, comenzando por las relativas a la seguridad y la protección.

2-MANEJO DEL ESTRÉS:

Un mal que vive en muchas oportunidades el Escolta; el estrés es una reacción natural ante cualquier desafío. El estrés acumulativo se puede identificar principalmente a través de cambios en el comportamiento que usted mismo o los miembros de su equipo pueden observar, como:

a-cometer un despropósito.

b-obrar de forma atípica.

c-tener una conducta extraña.

Recomendaciones:

Cuando se encuentre excesivamente estresado, lo mejor que puede hacer es tomarse un descanso ligero y notificar a sus superiores lo que está ocurriendo; luego tenga presente las fases de la seguridad de su Protegido, estas son:

1-Fase de Prevención.

Acciones preventivas con anticipación suficiente a su manifestación, capacidad de observación detección y disuasión, gran importancia la observación.

2-Fase de Protección.

Cobertura física que proporciona el equipo de protección mediante su posicionamiento cerca al VIP.

3-Fase de Reacción.

Capacidad de respuesta para neutralizar un suceso generalmente al inicio del ataque o agresión.

4-Fase de Evacuación.

Capacidad de evacuar al protegido a zona tranquila y exenta de peligro, ante una situación de emergencia.

5-Fase de Evasión.

Capacidad de evadir el peligro que se presenta como factor sorpresa de forma instantánea e inmediata.

Ventajas y Desventajas de la Radiocomunicación En Protección

La comunicación por radio es imprescindible antes, durante y después de la operación, por lo siguiente ventajas:

1-Proporciona un enlace ágil y simultáneo a diferentes distancias.

2-Es indispensable en la impartición de las instrucciones, así como en las labores de supervisión y operación de grupo.

3-Son un factor determinante en la toma de decisiones.

Para el servicio de protección a funcionarios, los más utilizados son los radios portátiles debido a que permiten una comunicación ágil entre los elementos que brindan la seguridad, pero existen algunas desventajas:

1-Son susceptibles a la intercepción y a la interferencia.

2-Su transmisión se reduce cuando son operados bajo árboles, cerros, montañas, lugares bajo techo.

CONTROL, INSPECCIÓN Y REQUISA DE VEHÍCULOS.

Se nos pueden presentar dos tipos de inspecciones de vehículos: las correspondientes a los vehículos propios del servicio y / o de la personalidad y la de vehículos de visitantes o terceros que no pertenecen a nuestro servicio. Por regla general la requisa es similar, pero existen unos pequeños matices que diferencian la requisa de uno u otro.

PUESTOS DE MANDO Y DE SEGURIDAD.

b. **Puesto de mando o central de comunicaciones.**

1) Un puesto de mando es un centro de comunicaciones. y control a través del cual se coordinan todas las actividades y la información relacionada con una operación de protección.

2) El P.M. funciona como recurso instantáneo para facilitar la información,

coordinación y cooperación entre las agencias de seguridad. Es el centro de las comunicaciones telefónicas y radiales.

3) Toda la información relativa a la operación de protección deberá ser canalizada hacia el puesto de mando para que se lleven a cabo el análisis y acciones apropiados.

4) El P.M. debe tener conocimiento absoluto del movimiento completo de protección, incluyendo:

    i) Estudio de rutas.

    j) Avances en emplazamientos.

    k) Hospitales.

    l) Puntos de contacto de inteligencia.

    m) Puestos de policía.

    n) Asignación de habitaciones.

    o) Puestos de seguridad.

    p) Números telefónicos.

5) La ubicación del P.M. depende de los siguientes factores:

    a) De la duración de la visita.

    b) Del terreno local.

    c) De las instalaciones existentes.

    d) Del alcance de la visita.

e) De si se necesita una instalación permanente, temporal o móvil.

f) Los puestos de mando satelitales deben estar separados del PM principal.

g) Si es posible, establecer un P.M. central para múltiples protegidos.

6) Puesto de misión especial.

Cualquier actividad considerada necesaria por el jefe de avanzada de la escolta de protección.

a) Conducir el automóvil del protegido o el vehículo de seguimiento.

b) Escoltar el equipaje del protegido.

c) Desempeñarse como miembro del equipo de avance o de inteligencia.

d) Trabajar en los puestos de comando.

e) Trabajar en el lugar de inspección de la correspondencia y regalos.

f) Supervisar la preparación de la comida.

g) Sala de seguridad.

h) Puestos de seguridad en el sitio.

(1). Todas las entradas y salidas deben tener puestos de seguridad o estar cerradas con llave.

(2). Las entradas a utilizar deben tener un punto de acceso con guardia.

(3). Todos los puntos de peligro deben ser visibles desde un puesto de vigilancia.

(4). Los lugares seguros deben tener un PS.

(5). Las instalaciones de comodidad designadas para el uso exclusivo del protegido deberán tener puestos de seguridad.

(6). Los puestos de seguridad deben cubrir todas las áreas de estacionamiento de vehículos.

i) Puestos de seguridad en la ruta: Se deben cubrir todos los lugares de partida y de llegada.

CONTROL Y DESARROLLO DE SISTEMAS DE IDENTIFICACIÓN

d. **la custodia de seguridad es la encargada y responsable de la emisión, y destrucción del sistema de identificación.**

1) Determinar quién necesita identificación permanente.

2) Registrar el tipo emitido y quien.

3) Mantener indefinidamente registros de donde y cuando se usan.

4) Recoger y destruir la identificación permanente cuando ya no se necesite.

5) Informar inmediatamente de la perdida de identificación permanente.

e. **Supervisar la fabricación de elementos de identificación y llevar cuenta de todos los elementos producidos.**

Si es posible, tomar posesión de las tintas, planchas y materiales.

f. **Realizar investigaciones de antecedentes de aquellas personas que han recibido identificación permanente.**

Como mínimo, realizar verificaciones de nombres con las agencias policiales y de inteligencia para aquellos que van a recibir identificación temporal (si el tiempo lo permite).

MEDIOS DE DIFUSIÓN.

A menudo los medios de difusión están cerca del protegido. El desea una buena cobertura de prensa y mantener una relación sólida con los medios de difusión, para esto se deben tener en cuenta aspectos como:

h. Emitir identificación permanente a los miembros de la prensa asignados a la cobertura del protegido en forma regular.

i. Emitir identificación temporal al personal de noticias asignado a la cobertura de un evento próximo.

j. Instalar una mesa de prensa para controlar el número de miembros de la prensa a quienes se les permite concurrir a un evento.

k. Educar a la prensa sobre los beneficios del sistema de identificación.

    1) Acceso a áreas para uso exclusivo de la prensa.

    2) Las áreas ofrecerán un acceso cercano o puntos de buena visión.

    3) Necesidad de seguridad y libertad en los movimientos

l. Evitar acciones sorpresivas que resulten embarazosas para el protegido.

m. Una vez establecida una buena relación de trabajo, la prensa a menudo se controlará a sí misma.

n. Coordinar los temas de prensa con la oficina de prensa del protegido o con el personal a cargo de las relaciones con prensa.

MESAS DE PROBLEMAS.

c. Las mesas de problemas tienen fundamentalmente personal del protegido, pero el miembro de seguridad puede hacer cumplir las decisiones.

d. Las mesas de problemas se encargan de:

1) Personas autorizadas sin identificación.

2) Personas autorizadas que se niegan a llevar puesta o a mostrar su identificación.

3) Personas no autorizadas que intentan obtener acceso.

Recuerde que, aunque un desconocido tenga identificación, si su apariencia, conducta o conocimiento de los hechos no concuerdan con quien dice ser, **USTED DEBE ACTUAR**. Acérquese y resuelva cualquier duda.

Con carácter general, procederemos así:

1- Diariamente, debemos revisar el vehículo contra posibles manipulaciones, sabotajes o trampas que se han podido ocultar en el vehículo.

2- La requisa exterior ha de ser completa, siendo preciso realizarla de manera sistemática y preestablecida. La comprobación ha de comenzarse por el exterior del vehículo en busca de:

2A- Artefactos adosados al mismo en guardabarros, bajos, motor, etc.

2B- Posible manipulación de elementos que como consecuencia produzca aparición de cables sueltos, cerraduras manipuladas, manchas de líquidos, manipulación de tapón de combustible, etc.

2C Intrusiones en el interior.

3- Seguidamente procederemos a realizar la requisa visual interior, comenzando por la zona inferior de asientos y el hueco entre los mismos. Con un vistazo inspeccionaremos los asientos, la bandeja

trasera, los huecos portaobjetos, guanteras y el puesto de conducción. Acabaremos la requisa con la comprobación de guanteras y huecos del techo.

4- Por último, procede la revisión del motor y maletero.

5- Para vehículos ajenos al VIP o al servicio de escolta,

debemos requerir la colaboración del conductor en determinadas tareas de manipulación y apertura de los compartimentos de su vehículo, debiendo tener en cuenta que el motor ha de estar parado.

6- En caso de detectar la ocultación de un objeto sospechoso, lo pondremos en conocimiento del equipo de escolta, de los responsables de seguridad y las Fuerzas de Seguridad competentes.

8- Para esta requisa es recomendable emplear medios como: espejos especiales, detectores de explosivos, perros adiestrados, etc.

Relación del Escolta con el V.I.P. y su entorno.

1-Relación con el VIP.

Debemos conocer su personalidad, costumbres, aficiones, con la finalidad de adaptarnos a sus circunstancias. Hay que conocer a las personas de su entorno: amigos, familia, personal laboral.

Asimismo, la discreción es una de las máximas prioritarias a observar. Los contactos con el VIP se establecerán a través del jefe de Seguridad.

2- Relación con la familia del VIP.

El control ha de ser relativo, pero considerando que el ataque al VIP puede venir a través de la agresión a sus familiares, por lo que tendremos que tratar de mentalizarlos y acercarlos a nuestro terreno.

3- Relación con las amistades del VIP.

Debemos conocerlos y saber el grado de cercanía y

actitud del VIP hacia ellos.

4- Relación con el staff del VIP.

Las relaciones con el staff han de ser estrechas, ya que de ellos debemos obtener la información y novedades que puedan surgir en los actos programados. Esta labor incluye la de mentalización en la

protección de la información de que disponen.

5- Relación con el Público.

Debemos ser correctos pero estrictos, ya que una excesiva dureza hacia el público podrá crear un halo de impopularidad hacia la Autoridad. Ante lo expuesto, debemos ser enérgicos pero correctos.

6- Relación con la Prensa.

La relación ha de ser buena pero controlada. A través de ellos podemos obtener información y así poder detectar anomalías que nos faciliten la labor. También hay que tener en cuenta que la mala prensa perjudica los intereses del VIP y, por tanto, los de su servicio de protección. Pese al control debemos de facilitar, en lo posible, su labor informativa.

Fundamentos del Sistema de Protección

1- Crear una zona de seguridad

Toda actividad del VIP que se desarrolle dentro de una zona de seguridad reducirá los porcentajes de peligro y le transmitirá sensaciones de seguridad y tranquilidad.

2- Protección, lo más importante.

Al personal de seguridad no debe afectarle la forma de ser del VIP, ni deberá juzgarlo, debido a que en caso contrario el escolta podría implicarse de forma personal, disminuyendo así la efectividad en la seguridad a prestar.

3- Medios Preventivos.

La previsión es el factor que dota de eficacia o ineficacia un servicio de protección. Las medidas preventivas pueden ser, entre otras: eliminación de riesgos, anticipaciones al agresor, probar los medios técnicos a emplear, ensayo y evaluación de los planes de seguridad.

4- Equilibrio.

Debe hallarse un equilibrio en el binomio: situación – riesgo.

Una situación de alto riesgo CONLLEVA un movimiento formal protocolario.

Una situación de riesgo medio CONLLEVA un movimiento formal rutinario

Una situación de bajo riesgo CONLLEVA un movimiento informal.

5- Estudio del riesgo.

Los riesgos deben evaluarse continuamente.

6- Mentalización del VIP.

La información que se suministra al VIP ha de ser realista, pero catastrofista. Hacer compartir al VIP y a las personas de su entorno las medidas de seguridad, es una labor primaria de los servicios de protección; podemos hablar, en este sentido, de lo que indica la Comisión de Valoración de Riesgos, en cuanto a la dotación de servicio de protección a las Autoridades, encontrándonos así, dos tipos de concepciones:

a- Seguridad Impuesta:

Que es la más llevar a cabo, debido a que el VIP no está concienciado de la seguridad que se le impone por razón de su cargo, siendo refractario a la misma y, por tanto, requiriendo para su mentalización un proceso de adaptación largo y profundo desde el inicio del servicio.

b- Seguridad Requerida:

En este caso, debido a la colaboración del VIP, la labor es más sencilla, ya que el protegido cuenta con la mentalización que requiere este tipo de seguridad.

7- Ambientación.

Es la capacidad para adaptarnos a diferentes situaciones y ambiente, cuidando las formas exteriores y de actuación y no desentonando en su entorno.

8- Disponibilidad de un cuarto seguro.

Como cuarto seguro, podemos entender tanto un bien mueble (vehículo), como un bien inmueble (zona de edificio asegurado). Asimismo, tienen esta consideración de cuarto seguro, las rutas de evacuación y fuga predeterminadas para situaciones de peligro.

PROBLEMAS QUE SE SUSCITAN EN LA PROTECCIÓN

1- Excesiva presión sobre el protegido.

La excesiva presión sobre la esfera de privacidad del VIP puede ocasionar que éste trate de eludir al servicio de protección, con lo que les aboca a mayores riesgos. Estos servicios han de conjugar la libertad de movimiento del protegido con su seguridad.

2- Servidumbres políticas del protegido.

Problema que consiste en llevar a la práctica el servicio de protección eficazmente, sin interferir las actividades políticas del VIP. Problema de difícil solución por las características de las actividades públicas que llevan a cabo los políticos.

3- Excesiva dureza con el público y los medios de comunicación.

El servicio de protección debe de prestarse de manera que no ofrezca cara al público ni a los medios de comunicación social, una sensación de dureza u hostilidad que pueda repercutir negativamente en la imagen del VIP.

4- Uso indebido del equipo de protección.

El equipo de seguridad no ha de desempeñar tareas propias de personal doméstico, por tanto, ajenas a la función de protección. Si bien hay que discutir entre servidumbre y seguridad con el objeto de que el servicio no pierda eficacia. Así, aunque en apariencia, llevar el maletín del VIP o comprar su período puedan parecer tareas serviles, éstas pueden consistir en labores de mera seguridad cuando, por ejemplo, dicho maletín contiene documentos muy importantes o peligra la vida del VIP por el hecho de dirigirse de forma habitual a comprar la prensa en un mismo lugar.

5- Insuficiencia en la realización de la protección.

Están basadas en la imperfecta ejecución del servicio de protección, en torno de las siguientes causas:

Falta de comunicación entre el staff del VIP y el equipo de protección.

El responsable del Equipo de protección debe estar informado continuamente y con la suficiente antelación de las actividades que vaya a llevar a cabo el VIP, ya que la insuficiente información da lugar, en ocasiones, a improvisaciones perniciosas para la seguridad.

Falta de medios en el dispositivo de prevención.

El nivel de riesgo determina el nivel de protección y éste los medios humanos y técnicos que se van a utilizar.

Falta de cualificación del personal de protección.

Los miembros del personal de seguridad han de ser especialistas y haber superado satisfactoriamente los cursos de protección al efecto. Debiendo de ser continuo el reciclaje y el entrenamiento específico en la materia (tiro, defensa personal, operativa de protección.).

Falta de protección y alerta del personal de seguridad.

El servicio de protección acarrea no sólo un cansancio físico, sino que supone un desgaste psíquico considerable derivado de la naturaleza del servicio (rutina, largas esperas, gran número de horas de servicio.). Esto constituye un hándicap para la operatividad y eficacia del servicio, al disminuir la capacidad de alerta y respuesta.

Los escoltas son de otra casta como los vigilantes de seguridad porque sus trabajos implican horarios, riesgos y un plus de incertidumbre que no son fáciles de llevar. Los escoltas viven una doble vida. Una es la profesional en la que se juegan la vida para proteger a sus vips, algunos incluso la pierden cuando ejercen su profesión. Porque ellos son las víctimas en muchas ocasiones. Además, en ocasiones, ellos se convierten en el hilo conductor para llegar a sus protegidos, o peor aún, sus familias. En definitiva, el día a día de un escolta en las zonas más calientes, sobre todo, es muy duro. También para sus familias que tienen que convivir con el anonimato, la soledad, la confidencialidad y se tienen que adaptar a las normas de seguridad que los escoltas aplican en el ámbito privado y familiar para proteger a los suyos.

Nadie debe sabe a qué se dedica el hombre de la casa, hay que tener cuidado con lo que se les cuenta a los hijos, y la mujer vive pendiente del teléfono todo el día por si hay malas noticias; muchos acaban renunciando a tener familia y sus amigos son otros compañeros de profesión, los únicos con los que pueden descargar tanta tensión.

Una tensión y un estrés que acaba con la vida de muchos escoltas. El índice de suicidios es bastante alto, pero no se habla de ello.

Los escoltas son de otra casta como los vigilantes de seguridad porque sus trabajos implican horarios, riesgos y un plus de incertidumbre que no son fáciles de llevar. Los escoltas viven una doble vida. Una es la profesional en la que se juegan la vida para proteger a sus vips, algunos incluso la pierden cuando ejercen su profesión. Porque ellos son las víctimas en muchas ocasiones. Además, en ocasiones, ellos se convierten en el hilo conductor para llegar a sus protegidos, o peor aún, sus familias.

 En definitiva, el día a día de un escolta en las zonas más calientes, sobre todo, es muy duro. También para sus familias que tienen que convivir con el anonimato, la soledad, la confidencialidad y se tienen que adaptar a las normas de seguridad que los escoltas aplican en el ámbito privado y familiar para proteger a los suyos; nadie debe sabe a qué se dedica el hombre de la casa, hay que tener cuidado con lo que se les cuenta a los hijos, y la mujer vive pendiente del teléfono todo el día por si hay malas noticias.

Muchos acaban renunciando a tener familia y sus amigos son otros compañeros de profesión, los únicos con los que pueden descargar tanta tensión. Una tensión y un estrés que acaba con la vida de muchos escoltas. El índice de suicidios es bastante alto, pero no se habla de ello.

EVALUACION DE DISPOSITIVO

Para la evaluación de un dispositivo de seguridad se hará necesario una serie de operaciones de información y planificación que al final darán como resultado un dispositivo capaz de evitar o contrarrestar los efectos de una acción agresiva contra la persona que protegemos.

Para lo cual, desde el momento de la necesidad de prestar una Protección, se debe, basándonos en la información, de realizar una PLANIFICACIÓN para la posterior EJECUCION.

La planificación.

Consiste en formular una jerarquía de objetivos y, mediante un método, programar u organizar tareas, actividades y eventos con sus correspondientes recursos, tiempo y responsable; para establecer las presiones sobre la evolución de los posibles acontecimientos futuros y los medios necesarios, todo ello a través de la recopilación, el análisis y la elaboración, para alcanzar los objetivos propuestos.

Como queda dicho, la planificación por tanto se lleva a cabo por medio de la recopilación, el análisis y la elaboración.

Desde una perspectiva global, y teórica, esos tres ejercicios se pueden considerar fases sucesivas que dividen a la Planificación en tres fases separadas y estancas; sin embargo, desde una perspectiva práctica los tres citados ejercicios pueden realizarse de un modo coyuntural y coincidente (con la misma sucesión, cuantas veces sea necesario) a lo largo de la Planificación.

Un ejemplo para que se vea claro es que en las operaciones dispositivos uno de los datos que se debe recopilar, el del programa de actividades del protegido, del análisis de mismo va a surgir probablemente, la necesidad de solicitar nuevos datos sobre el programa, o bien efectuar una avanzada de planificación, formado por grupos de escoltas, a alguno de los lugares a visitar por el protegido; para recopilar y obtener a su vez, nuevos datos que serán analizados y elaborados posteriormente.

Fase de recopilación

Consiste y recabar y obtener todos los datos y noticias de interés posibles, tanto al principio, como en el transcurso de la planificación.

Fase de análisis

Esta fase está basada en los datos recogidos en la fase anterior, y por lo tanto se ocupa de mirar y remirar dichos datos, los cuales son revisados, cotejados y comprobados, para de su valoración, conocimiento y proyección ir a la fase de elaboración del dispositivo.

En esta fase y en sus múltiples apartados, uno de ellos, que tiene en la planificación un tratamiento prioritario y sobresaliente es el de:

Valoración de riesgos.

Todos los riesgos (provocados o no provocados), deben ser valorados y calificados(mediante una escala cualquiera), según la probabilidad de que sucedan, y la gravedad que entrañen.

Nivel de protección necesario

El resultado final del análisis de vulnerabilidad y amenazas; así como de la valoración de riesgos, ha de ser la asignación de un determinado **nivel de protección**.

Normalmente se utilizan cinco niveles de protección, para la protección de personalidades de relevancia política y altos cargo de la administración del Estado, estos niveles pueden ser de aplicación en las empresas privadas de seguridad para proteger a personas que soliciten protección.

El nivel de protección, como se dijo anteriormente,

viene condicionado por la valoraciónde riesgos, y determina en gran medida la cantidad e incluso la calidad de los medios tanto humanos como técnicos asignados al servicio, lo cual significa que son con los que el responsable de la protección cuenta para la realización de la misma.

Analizado, entre otros, el apartado que trata el riesgo del protegido, y como consecuencia de la asignación de un Nivel de Protección, se nombrará un jefe de Dispositivo y los componentes del primer círculo de protección, con su responsable el **jefe de Seguridad**, el cual en determinados niveles de protección será la misma persona que el jefe de Dispositivo.

Los diferentes niveles de protección se podrán aplicar a las personalidades con uncarácter permanente, o con carácter temporal.

GRADOS DEL RIESGO

Para determinar el grado de riesgo de una persona, instalación o actividad, se tiene en cuenta la siguiente formula:

POSIBILIDAD O PROBABILIDAD +	VULNERABILIDAD =	GRADOS DE RIESGO

PROBABILIDAD	: Es cuando un hecho se ha presentado con anterioridad y se puede probar que puede volver a ocurrir. La amenaza está fundamentada y se sabe la dirección u objetivo de la amenaza
POSIBILIDAD	: Es un hecho que puede suceder, no hay pruebas y tampoco se ha presentado con anterioridad. No está fundamentada y no se sabe la dirección u objetivo de la amenaza.
VULNERABILIDAD	: Debilidades, deficiencias que tenemos en el sistema de seguridad o que se pueden presentar por fallas en un sistema optimo. Este factor más la probabilidad que el hecho fuera a ocurrir nos determina el Grado del Riesgo.

NIVELES DEL RIESGO

NIVEL REAL DE RIESGO	PROBABILIDAD O POSIBILIDAD DE REALIZARSE LA AMENAZA	VULNERABILIDADES MAS NOTORIAS	DESCRIPCION
DESCONOCIDO LEVE O RARO MUY BAJO	No se percibe presencia cerca o inmediata de peligro. SITUACION SEGURA	No configura riesgo alguno	Simples indicios poco preocupantes.
NORMAL APARENTE BAJO	La amenaza de realizarse es el resultado de la casualidad. POSIBILIDAD	Se está considerando como un blanco de la delincuencia	Situación general Normal, se requiere de Observación. Es manejable.
MODERADO FRECUENTE MEDIO	Se presentan indicios de amenaza, o peligro. PROBABILIDAD	Ausencia de medidas de Seguridad. Falta actitud preventiva.	La amenaza o peligro es preocupante, sensación de inseguridad.
GRAVE PERIODICO ALTO	La amenaza se materializa, aparece el terrorismo y actividades delictivas. MATERIALIZACION	Ausencia de medidas de Seguridad, Defensivas, Preventivas	Peligro serio y Directo, la Desprotección llega a los Limites de la impotencia para garantizar la seguridad.
PELIGROSO	La amenaza se realiza	El sistema en su	Peligro cierto y

PERMANENTE MUY ALTO	en forma continua, grave y frecuente. **SITUACION DE CRISIS**	totalidad fallo. Se presenta la crisis.	Mortal. La inseguridad afecta todos por igual.

Observación: Diferentes autores que han escrito sobre los grados de Riesgos, definen a estos de diferente modo, por lo que se colocaron tres nombres diferentes que son válidos en seguridad.

NOMBRE DE LA EMPRESA:

_____

CUADRO DE INDICIOS Y FACTORES DE RIESGO

CARACTERISTICAS	NO	A VECES	SI	¿POR QUE?
	2	3	5	
LA EMPRESA DONDE LABORO SOBRESALE DE LAS OTRAS EMPRESAS				
EN LA EMPRESA DONDE PRESTO LA VIGILANCIA SE GENERAN SENTIMIENTOS DE ENVIDIA - RESENTIMIENTO				
LA EMPRESA MUEVE GRANDES CANTIDADES DE CAPITALES				
LA EMPRESA MANEJO GRAN CANTIDAD DE EFECTICO				
DESCONFIA DE LOS EMPLEADOS				
EN EL INTERIOR Y ENTORNO DE LA EMPRESA SE CONOCEN LOS SALARIOS DE LOS EJECUTIVOS				
LA EMPRESA ES MULTINACIONAL				
LA EMPRESA ASUME POSICIONES RADICALES, INJUSTAS Y/O HUMILLATIVAS				
LA EMPRESA TIENE UNA RECONOCIDA PUBLICIDAD				
EXISTEN FUNCIONARIOS DE LA				

EMPRESA QUE PUEDAN SER SECUESTRADOS – EXTORSIONADOS				
LA EMPRESA A SIDO OBJETIVO DEL TERRORISMO O DELINCUENCIA				
HA NOTADO MOVIMIENTOS EXTRAÑOS EN EL INTERIOR				
HA NOTADO MOVIMIENTOS EXTRAÑOS EN EL ENTORNO				
SE CONSIDERA LA EMPRESA OBJETIVO TERRORISTA				
LOS FUNCIONARIOS -EMPLEADOS UTILIZAN ALTO PERFIL				
NO EFECTUAN PROCESO DE SELECCION DE PERSONAL Y ESTUDIO DE SEGURIDAD PERSONAL				
HAY CARENCIA DE LAS AUTORIDADES EN LA ZONA				
LA VISIBILIDAD AL INTERIOR ES FACIL				
LA VIGILANCIA PRIVADA ES MALA				
EXISTEN ADECUADOS CONTROLES DE ACCESO DE PERSONAL				
LOS CONTROLES INTERNOS DE TRAFICO SON MALOS				
EXISTE PARQUEDERO EN LA EMPRESA				
SON INADEECUADOS LOS CONTROLES DE ACCESO DE PERSONAL AL EDIFICIO				
EXISTEN EN LOS ALREDEDORES PARQUEADEROS				
CARECEN DE EQUIPOS DE SEGURIDAD: CAMARAS - SISTEMAS ELECTRONICOS DE SEG. – ALARMAS				
NO ACEPTAN Y APLICAN LAS SUGERENCIAS QUE DA EL SERVICIO DE VIGILANCIA O AUTORIDADES				
CARECEN DE PLANES DE EMERGENCIA EN LA EMPRESA				
LOS EMPLEADOS CARECEN DE CAPACITACION CONTRA LOS ACTOS TERRORISTAS				
TOTAL, DE PUNTOS				

CALIFICACION DEL RIESGO	PUNTAJE
MUY ALTO	DE 103 A 140 PUNTOS
ALTO	DE 85 A 102 PUNTOS
MEDIANO	DE 57 A 84 PUNTOS
BAJO	DE 56 PUNTOS PARA ABAJO

EJERCICIO PRACTICO:

■ Haga un análisis del puesto de Vigilancia donde labora.

■ Sugiera 5 características no contempladas en este Cuadro de indicios.

2. PROCESO DE ELABORACION DE ESTUDIO DE PROBABILIDADES

El proceso de elaboración del estudio de probabilidades, consta de tres fases, así:

■ **DESCRIPCION:** La primera fase, es la descripción total del sitio donde se va a realizar el estudio de probabilidades, parte externa, que es el entorno, parte media, que son las barreras perimétricas y la parte interna que son las instalaciones, esta descripción tiene que ser al detalle por lo que se recomienda emplear cámaras fotográficas, de video y/o grabadora, elaborar croquis

- **ANALISIS:** Una vez obtenida la descripción y de haber conocido el sitio al detalle, se hace un análisis de los sistemas de protección existentes con respecto a los actuales riesgos y vulnerabilidades.

- **CONCLUSION Y RECOMENDACIÓN:** En esta fase se determinará el grado de Riesgo del sitio y se presentaran propuestas para minimizar los riesgos y desaparecer las vulnerabilidades, fortaleciendo el sistema de protección.

5

EL PLAN DE SEGURIDAD DE LA EMPRESA

1. CONCEPTO GENERAL

Con mucha frecuencia los hombres de seguridad se preguntan:

- ¿Cuántos y que planes de seguridad debe tener una empresa?

- ¿Deben todos estar escritos?

- ¿Deben ser todos secretos?

- ¿Cómo coordinarlos con la seguridad industrial?

En primer lugar debemos creer que la existencia de muchos planes crea confusión, pero que de todas maneras debe haber un mínimo de planes que se encuentran en ejecución permanente. Ellos son:

✓ El Plan Para Protección de Personas de Alto Riesgo. Este resulta del análisis de los estudios personales de seguridad (EPS), elaborados al personal de ejecutivos que trabajan para la empresa y necesitan protección durante sus desplazamientos fuera de la empresa.

✓ El Plan de Protección y Vigilancia de las Instalaciones. Que protege al personal y al patrimonio

161

que está dentro de ellas y a las instalaciones mismas. En este plan deben estar incluidos como anexos que le pertenecen:

- El plan de barreras perimetrales
- El Plan de Turnos de Vigilancia
- El manual de procedimientos de portería
- El manual de procedimientos de emergencia y evacuación

✓ El Plan de protección de la Información. Que evita la filtración de datos cuyo contenido pueda servir para causar daño a la empresa.

¿QUÉ DEBE CONTENER TODO PLAN?

❑ El objeto del plan. - que siempre será el de proteger vida e integridad personal, patrimonio y reducir riesgos.

❑ Los criterios generales sobre seguridad. - Los cuales son dados por la junta directiva de la empresa o la gerencia general.

❑ La relación de las dependencias comprometidas en el plan y sus funciones con respecto al desarrollo del mismo.

❑ Instrucciones de coordinación. Las cuales dicen como deben actuar en forma coordinada y prestándose apoyos las diferentes dependencias de la empresa antes, en y después de la ejecución del plan.

EL PLAN DE PROTECCIÓN DE PERSONAS DE ALTO RIESGO

Contiene los siguientes pasos:

1.1.   Determinación de las personas que deben recibir la protección

Se analiza al personal de la empresa, haciendo una lista de quienes por el cargo que ocupan corren riesgos para su vida e integridad en lugares distintos a las instalaciones de la empresa.

1.2.   Estudios personales de seguridad (EPS)

Se adelanta un EPS para cada una de las personas de la lista elaborada. En él se evalúan los riesgos que cada una está corriendo y los procedimientos necesarios para neutralizarlos.

1.3.   Análisis y determinación de los recursos necesarios.

Se establece que se necesita con respecto a los siguientes medios:

-Humanos: Jefe de grupo de Escoltas, conductores, escoltas, y vigilantes residenciales. Se determina el perfil que debe reunir cada una de estas personas.

-Transporte: Número y clase de vehículos, acondicionamientos y blindajes, motos, necesidad de transporte por aire y por agua.

-Comunicaciones: Número y tipo de radios, canales privados y de red, alcance, teléfonos celulares, instalación en vehículos o portátiles y uso de claves y códigos.

-Armas y municiones: Tipo y número de armas que se van a usar, a quien serán asignadas, municiones y salvoconductos, uso de subametralladoras y escopetas, calibres y personal entrenado para usarlas.

-Otro material: Botiquines de primeros auxilios, binóculos, cámara fotográfica, callchecker, chalecos antibala, granadas de humo, herramientas, medicinas específicas para cada ejecutivo, y directorios telefónicos.

Estructuración del Plan

La parte general del plan, debe ser suficientemente conocida por el personal de seguridad.

Los siguientes aspectos no se deben escribir en el plan y sólo deben ser conocidos por el personal de escoltas:

✓ Procedimientos y técnicas de defensa ante emboscadas urbanas y rurales
✓ Organización de la familia del ejecutivo
✓ Organización del equipo de escolta
✓ Lugar de residencia
✓ Rutas de desplazamiento

✓ Hábitos de vida

✓ Horarios de trabajo

✓ Actividad rutinaria

Entrenamiento del personal que ejecuta el plan

- Entrenamiento individual de combate

- Entrenamiento de combate en equipo

- Técnicas de seguimiento y Contra seguimiento

- Procedimientos de seguridad personal

- Conducción defensiva/ofensiva

- Comunicaciones

Control del Plan

♦ Inspecciones rutinarias sobre armamento y equipo para constatar el estado y evitar pérdidas.

♦ Inspecciones sorpresivas para comprobar el cumplimiento de los procedimientos de protección y el estado de alerta del grupo de escoltas, cuando están en lugares fijos y en los desplazamientos.

♦ Intercambio de información con los ejecutivos y sus familias indagando errores y aciertos del grupo, para establecer necesidades de cambio de personal, material y equipos.

Línea de Mando

- Jefe del Departamento de Seguridad o Jefe de Operaciones
- Supervisor de protección a personas
- Líder del Grupo de escolta
- Líder de Detalle.

EL PLAN DE SEGURIDAD DE LAS INSTALACIONES

Para este plan se necesita hacer antes un estudio de seguridad de la planta física de las instalaciones.

Contenido del Plan

Los planes de protección y vigilancia, determinan la forma como las barreras y los sistemas de protección, dan seguridad a las instalaciones empresariales y a todo lo que ellas contienen, contra riesgos de intrusión, ataque a ejecutivos y fenómenos naturales.

Como mínimo, este plan determina:

- La organización y jerarquización del Cuerpo de Vigilancia de la empresa.
- Los turnos y horarios de servicio de seguridad
- La ubicación de cada uno de los puestos de vigilancia

- Las funciones generales del Cuerpo de Vigilancia y de cada uno de los turnos.

- Las consignas generales de los vigilantes

- Las consigna especiales de cada uno de los puestos

- Las normas para operación de la portería, incluyendo el control de personas, paquetes, vehículos, bienes de la empresa, materias primas de los procesos de producción, mercancías y residuos industriales.

- La ubicación y uso adecuado de cada una de las barreras interiores y exteriores (vallas, acantilados, faldas, taludes, lagos detectores, garitas y torres de observación).

- Los procedimientos de emergencia para los casos que deba manejar el Cuerpo de Vigilancia

- Las normas de identificación de empleados

- Los procedimientos para uso de los medios de comunicación que deban ser operados por el personal de vigilancia y por 1 personal administrativo.

- Las normas relativas a administración, distribución y control de material y equipo destinado a la protección y vigilancia.

Estructuración del Plan

La elaboración del Plan está a cargo del Gerente del

Departamento de Seguridad, quien se vale del personal de vigilantes con el fin de recolectar la información más precisa y confiable.

El plan debe ser clasificado como documento secreto y manejado como tal y de él no se deben elaborar más copias de las necesarias.

Su estructura tiene tres partes:

Un encabezamiento

Un cuerpo del plan

Una parte final

El Encabezamiento

Es la identificación del plan. En él deben quedar:

- ✓ El nombre de la empresa que se protege
- ✓ La identificación del plan
- ✓ El número de la copia
- ✓ El total de copias elaboradas
- ✓ La persona o entidad que lo elaboró
- ✓ Y el lugar y fecha en que fue elaborado

El Cuerpo del plan

El cuerpo del plan tiene un contenido dividido en cinco numerales a saber:

1.   OBJETO DEL PLAN

2.   ORGANIZACIÓN PARA LA VIGILANCIA

3.   EJECUCION DEL PLAN

4.   ASPECTOS ADMINISTRATIVOS

5.   ASPECTOS DE CONTROL Y USO DE LAS COMUNICACIONES

3.2.2.1. ¿Cómo redactar l objeto del plan?

En una forma sencilla, enunciando el nombre de la empresa, la dirección y la finalidad. Por ejemplo:

1.   OBJETO DEL PLAN

Este plan protege las instalaciones de la empresa INDUSTRIAS ALIMENTICIAS S.A. en sus instalaciones de la Carrera 46 nro. 85-50 y sus Bodegas de la Carretera de Occidente Kilómetro 2 contra riesgos relativos a la seguridad física.

¿Cómo presentar en el plan la organización para la vigilancia?

✓ Determinando el cuerpo de vigilancia que prestará el servicio, determinando la escala jerárquica: Jefe, supervisores, coordinadores, vigilantes.

✓ Determinando las funciones de cada uno de ellos en relación con el plan.

EJECUCION

Este numeral contiene el plan propiamente dicho y las normas para su ejecución. Su ordenamiento se divide en cuatro literales así:

a)   Concepto General

Son los criterios de la dirección de la empresa en relación con la utilización de los medios.

Empresas con abundancia de barreras y medios electrónicos insistirán en el uso y control de éstos; empresas con escasa protección de barreras y pocos medios eléctricos buscarán un plan basado en la capacidad y alerta del cuerpo de vigilancia.

b)   Del cuerpo de Vigilancia

En este literal se determinan:

 Las funciones y atribuciones del cuerpo de vigilancia

❑   El horario de los turnos

❑   La rotación de los equipos en los distintos turnos

❑   La ubicación de los puestos de vigilancia y sus consignas

❑   Las funciones generales del cuerpo de vigilancia, de cada turno, de cada grupo y de cada puesto.

❑   Las consignas específicas para los vigilantes y las consignas particulares para cada uno de los puestos de vigilancia.

❏ Los medios electrónicos o eléctricos de vigilancia, su ubicación clara, su uso y su control.

c) Barreras

En esta parte generalmente se hace alusión a un anexo llamado Plan de Barreras en el cual, mediante un croquis o mapa de las instalaciones, se especifican:

◆ Las barreras exteriores: su constitución y eficacia

◆ Los puntos críticos de las instalaciones

◆ Las barreras interiores

◆ La ubicación de las porterías y casetas de vigilancia

◆ Las vías de evacuación ante emergencias

d) Control claves y llaves

En esta parte se dan normas sobre el manejo de las llaves y claves puestas al cuidado del cuerpo de vigilancia. Además normas para disponer de duplicados en las instalaciones y para el manejo de la llave maestra y cualquier llave de apertura manual, eléctrica o electrónica.

e) Iluminación y Visibilidad

En esta parte se dan normas sobre:

◆ Las áreas que deben permanecer con iluminación nocturna permanente

◆ Iluminación con lámparas sensores

◆ Iluminación estroboscópica (giratoria de colores) para aviso de emergencias

- ◆ Áreas que se deben mantener en condiciones de ser vigiladas por la vista

- ◆ Áreas que se deben tener vigiladas por CCTV

Contra la visibilidad pecan vehículos mal parqueados, exceso de vegetación, falta de aseo, acumulación de escombros y mala iluminación.

f) Control e porterías

En esta parte se incluyen procedimientos para:

➢ Control de ingreso y salida de personal de ejecutivos, empleados, operarios, empleados temporales, contratistas, proveedores y visitantes.

➢ Control de ingreso y salida de vehículos, sean estos de propiedad de la empresa (asignados o de servicios generales), de los empleados, de proveedores, de contratistas o de visitantes.

➢ Control de ingreso y salida de mercancías, paquetes, bienes, maquinaria, equipo, materias primas y residuos industriales.

➢ Recibo y salida de correspondencia.

➢ Entrada y salida de maletines y carteras

➢ Control de personal armado

➢ Se establece que documentos debe haber en la portería, los cuales como mínimo son:
    ✓ Libro de minuta
    ✓ Libro control de visitantes

✓ Libro de turnos de servicio

✓ Formatos para salida y entrada de materiales

✓ Libro control de vehículos de la empresa

✓ Entrada y salida de vehículo no pertenecientes a la empresa

✓ Ordenes permanentes para el personal de vigilancia de la portería

✓ Libro control de salida de productos fabricados por la empresa

✓ Cuadro de teléfonos de emergencia y extensiones internas

✓ Directorio telefónico

✓ Catálogo de firmas autorizadas para permitir la salida de vehículos y materiales.

✓ Relación de parqueaderos asignados a ejecutivos y empleados

✓ Claves y Códigos para comunicaciones

✓ Un ejemplar del plan de seguridad

✓ Fichas para identificación de personas y vehículos

✓ Un ejemplar del manual para procedimientos de portería.

g) Procedimientos de Emergencia

En esta parte se determina la forma como debe proceder el cuerpo de vigilancia en caso de que los riesgos se hagan inminentes o hayan sucedido graves daños al personal de empleados cuando se encuentran laborando y haya necesidad de trasladarlos a centros de urgencias.

Los procedimientos deben ser establecidos por el gerente de seguridad, previa consulta con el Gerente de Relaciones Industriales.

3.2.2.4. ¿Cómo presentar en el plan los aspectos administrativos?

En esta parte el plan se refiere a la forma como deben manejarse los ASPECTOS ADMINISTRATIVOS o sea los recursos de personal y logística destinados a la protección y vigilancia.

Esta parte contiene generalmente los siguientes literales:

a)   Personal
✓ Incorporación del de seguridad
✓ Estímulos, sanciones
✓ Vacaciones y permisos
✓ Servicios médicos

b)   Entrenamiento de
✓ Vigilantes
✓ Escoltas
✓ Conductores
✓ Supervisores

c)   Dotaciones

✓ Uniformes

✓ Material y equipo

✓ Armamento y munición

3.2.2.5. El control y las comunicaciones

En esta parte se establece:

✓ Comunicaciones propias o contratadas

✓ Clases de radios y frecuencias

✓ Claves y Códigos y el I.O.C.

✓ Cada cuanto se cambian las claves.

3.2.3. La parte final del plan

En esta parte aparecen:

✓ Las firmas de quienes elaboraron y aprobaron el plan

✓ La forma como se distribuyeron las copias y a quien se le entregaron

✓ Y una relación de anexos si los hay.

2. EL PLAN PARA SEGURIDAD DE LA INFORMACION

2.1.   CONCEPTO GENERAL

Tiene como objeto establecer normas para:

➢ Determinar qué aspectos de la información relativa a la empresa debe estar clasificada como secreta o confidencial y quienes tienen facultad para hacer esta clasificación.

➢ Emitir disposiciones sobre el cuidado de documentos clasificados como secretos o confidenciales, tanto en su consulta diaria como en su envío por los diferentes medios.

➢ Dar normas sobre la seguridad que deben tener los archivos de documentos secretos y confidenciales que se manejan en la empresa.

➢ Determinar las normas de seguridad en el manejo de las comunicaciones cara a cara, por radio, por télex, por telefax o por cualquier otro medio.

2.2.   Estructuración del Plan

Los siguientes criterios se tienen en cuenta en el plan para darle un manejo seguro a la información:

➢ Los periodistas y entrevistadores son muy hábiles para obtener información.

➢ La publicidad empresarial debe llevar el visto bueno de la Gerencia del Departamento de Seguridad.

➢ La información secreta se debe guardar en caja fuerte.

➢ La información clasificada si se envía por algún medio electrónico debe mandarse en clave.

➤ El acceso a los lugares donde hay información clasificada debe ser restringido.

➤ La documentación secreta solamente puede ser consultada por personas autorizadas por la Gerencia de la Empresa o Jefe del Departamento de Seguridad.

ESTUDIO DE SEGURIDAD

PROCESO DE ELABORACION DEL E.S.

El proceso de elaboración del Estudio de Seguridad Físico, consta de tres fases, así:

- **DESCRIPCION:** La primera fase, es la descripción total del sitio donde se va a realizar el estudio de Seguridad, parte externa, que es el entorno, parte media, que son las barreras perimétricas y la parte interna que son las instalaciones, esta descripción tiene que ser al detalle por lo que se recomienda emplear cámaras fotográficas, de vida y/o grabadora.

- **ANALISIS:** Una vez obtenida la descripción y de haber conocido el sitio al detalle, se hace un análisis de los sistemas de protección existentes con respecto a los actuales riesgos y vulnerabilidades.

- **CONCLUSION Y RECOMENDACIÓN:** En esta fase se determinará el grado de Riesgo del sitio y se presentaran propuestas para minimizar los riesgos y desaparecer las vulnerabilidades, fortaleciendo el sistema de protección.

REALIZACIÓN DE RECONOCIMEINTOS PARA INSTALACIÓN DE AREAS DE SEGURIDAD PERMANENTE

1. ANILLOS CONCÉNTRICOS DE SEGURIDAD

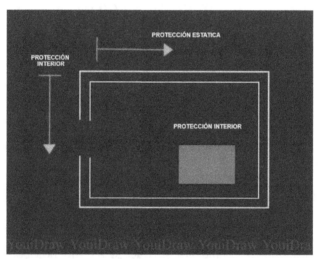

a-Se realiza un reconocimiento de un emplazamiento de seguridad permanente para determinar las áreas débiles y las áreas fuertes, la susceptibilidad al acceso sin autorización y la vulnerabilidad general a un ataque al protegido.

b-El reconocimiento utiliza el concepto de los anillos concéntricos y examina el emplazamiento desde el perímetro distante (al que es más fácil penetrar) hasta el refugio seguro (al que es más fácil penetrar) Estos anillos son similares a las pantallas de seguridad que se colocan alrededor del individuo protegido.

c-A medida que alguien avanza en los anillos, le debería resultar progresivamente más difícil obtener acceso sin autorización. Las medidas de seguridad con las que se encuentra se hacen más estrictas cuanto más se acerquen el protegido.

d-Se utiliza la inteligencia en todo el proceso de establecimiento, análisis y mantenimiento de los elementos de seguridad en un emplazamiento de seguridad permanente. El nivel de seguridad puede ajustarse con base a las estimaciones de inteligencia de la amenaza para el protegido.

2.   ÁREAS A ANALIZAR
a. Perímetro adicional.

Reconocimientos de la calle y edificios

a. Primeramente, determine el tipo de estructura (casa independiente, apartamento, torre, mansión, etc.).

b. Una residencia independiente es más segura que

un apartamento o condominio.

c. Una residencia independiente permite controlar los anillos concéntricos.

d. La principal preocupación en cualquier residencia es la línea de mira. Obsérvela desde el punto de vista de la seguridad. Des de adentro hacia fuera, y desde el punto de vista del adversario, es decir, desde afuera hacia adentro.

1) Identificación de los vecinos:

a. Se debe hacer uso de la inteligencia de protección para identificar e investigar a los vecinos cercanos a la residencia o residencias. Unidad o Comando donde tiene la oficina el protegido.

b. Las áreas de interés casual son los antecedentes criminales, una historia de enfermedades mentales y la pertenencia a grupos que supongan algún peligro para el protegido.

c. Se debe crear una base de datos para llevar un registro de quiénes pertenecen al barrio (es decir, residentes, repartidores a domicilio, personal, personal de servicio, etc.) y para monitorear las ventas de casas y propiedades de alquiler.

d.

2)   Patrullas:

a. Las patrullas pueden ser parte de la escolta de seguridad o pertenecer a la Policía Local y/o a una unidad militar a la cual le ha sido asignada la seguridad del oficial protegido.

b. Siempre se debe cambiar los horarios y rutas.

c. Procedimientos estándar de operaciones: es necesario preparar el plan de comunicaciones y los

d. procedimientos de emergencias (por ejemplo, qué hacer si se encuentra un paquete sospechoso o si alguien está tratando de treparse a la cerca, etc.)

e. se debe establecer un perímetro que define el borde de la propiedad. De lo contrario, no hay ningún recurso contra un intruso, ya que no se sabe cuándo un individuo pasa a ser un intruso.

Se deben utilizar varios portones diferentes para el protegido, de manera que no sean predecibles.

Se pueden establecer los siguientes tipos de portones:

1. **Oficial**: protegido y visitantes de alto nivel.
2. **Personal**: empleados con las aprobaciones debidas.
3. **Visitante**: tráfico normal de visitantes.
4. **Apoyo**: cuadrillas de jardinería, cocina y mantenimiento-

5. **Personal /familia:** el protegido, su cónyuge, hijos y parientes.

3)   Garitas de guardia:

El

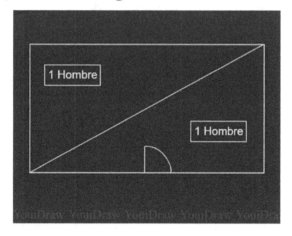

estudio de seguridad nos determinará en forma concreta el grado de amenaza y el nivel de riesgo. Con base en los resultados del estudio se diseñará el Programa de Seguridad, cuya amplitud y costo serán proporciónale al grado de exposición o peligro en que se encuentra actualmente la planta física y el personal de la empresa.

De acuerdo a lo anterior la Seguridad debe ser parte fundamental de la política gerencial a largo plazo, de cubrimiento integral y de alcance general y, como tal se debe convertir en uno de los más importantes puntos de apoyo para el desarrollo normal de la empresa.

Otro de los objetivos del Estudio de Seguridad, es de aproximar a la Gerencia _ a la realidad actual, reflejada en la falta de medidas de prevención las cuales permiten o facilitan que los niveles de inseguridad se disparen.

Teniendo en cuenta el anterior análisis, consideramos de vital importancia el apoyo que la Gerencia brinde al desarrollo del plan de seguridad, de tal manera que permitan identificar los riesgos, amenazas y vulnerabilidades en las diferentes áreas y procesos para prevenir, detectar y corregir todas las fallas que afectan y que atenta con el normal funcionamiento de la Empresa.

Estudios de Seguridad Física

Corresponde a los análisis que se realizan sobre elementos materiales que tienen una incidencia directa en la prestación del servicio, así:

- De Procesos, para evaluar la conveniencia de los modelos de operación utilizados, y su incidencia en la infraestructura;

- De instalaciones, para garantizar condiciones óptimas de funcionamientode sus sedes;

- De los puntos de prestación del servicio;

- De rutas, para identificar las vulnerabilidades durante los desplazamientos que realizan los vehículos encargados del transporte de bienes valorados;

Infraestructura.

Instalaciones

Las residencias y empresas del protegido deberán contar con instalaciones debidamente diseñadas que cumplan con estándares de construcciónpara la protección de los espacios donde se resguardan los valores, que garanticen las medidas de seguridad necesarias para prevenir cualquier modalidad delictiva que se pueda presentar a las bóvedas, como hurto por ventosa o túneles. Igualmente deberán contar con Armerillo e instalación para la guarda de equipos decomunicación, cuya puerta de acceso y ventanas deben resistir ataques y planta eléctrica con capacidad suficiente para satisfacer las necesidades de las instalaciones.

Seguridad física: Las instalaciones de las empresas deben contar con medidas de seguridad física, integradas por personal y sistemas electrónicos e instalaciones adecuadas, que minimicen o reduzcan los riesgos y que por consiguiente garanticen la integridad física de funcionarios, y bienes valores, así como cajas fuertes

En la ejecución y cumplimiento de este protocolo, se deberán contemplar estrictas medidas de seguridad para el área perimetral, que cuenten entre otros con:

Controles de acceso mediante esclusas peatonales y vehiculares.

- Suficiente iluminación interior y exterior.
- Puertas de seguridad operadas con control dual.
- Áreas de alta seguridad con acceso restringido.
- Control permanente a través de Circuito Cerrado de Televisión y sistemas dealarma.
- Coordinación de planes de apoyo con la fuerza pública para defensa de lasinstalaciones.
- Coordinación de planes de apoyo con la fuerza pública para operaciones degran cuantía.
- Garitas de entrada a las instalaciones con vidrios y paredes que resistanataques con armas de fuego.

CONOCIMIENTO DEL ENTORNO

1.- INTRODUCCION

El estudio de seguridad es la base de todo programa de Seguridad, es el primer paso que toda empresa de Vigilancia debe hacer, para determinar un plan básico de Vigilancia, donde se incluya el Número de G.S., tipo de armamento, comunicaciones, funciones, controles y procedimientos, presentar las recomendaciones con la propuesta o cotización al usuario, mostrándole sus verdaderas necesidades en seguridad.

El proceso de un estudio de seguridad se determina en las siguientes fases, así:

USUARIO	SOLICITUD DEL SERVICIO	EMPRESA DE VIGILANCIA
PLAN DE VIGILANCIA	ESTUDIO DE SEGURIDAD	EMPRESA DE VIGILANCIA
PRESENTA PROPUESTA	USUARIO ANALISA	TOMA LA DECISION

Una vez el usuario toma la Decisión, la Empresa de Vigilancia procede a la selección del personal y efectúa una inducción, para que el personal conozca la organización, funciones, controles y procedimientos en los puestos.

2.- DEFINICION DE ESTUDIO DE SEGURIDAD

Es el conocimiento que se adquiere de personas, instalaciones y procedimientos, para ser analizado con relación a las normas de seguridad vigentes y situaciones de riesgo que se puedan presentar, para determinar sus Vulnerabilidades diseñando un sistema de protección que brinde una mayor y mejor cobertura de la seguridad.

3.- CLASES DE ESTUDIOS DE SEGURIDAD

1.- FISICO: El que se hace a las instalaciones, empresas, industrias, oficinas, almacenes, viviendas

2.- PERSONAL: El que se le efectúa a las personas y se tienen dos categorías:

* **LABORAL:** Es que se les adelanta a los trabajadores de una empresa antes del ingreso y durante el tiempo que dure en la empresa para determinar su grado de confianza.

   * **PERSONAJES:** Es el que se le hace a la persona que por su importancia, jerarquía o posición tienen un mayor grado de riesgo, tales como: Industriales, presidentes de empresas, funcionarios públicos, etc., y determinan sus Vulnerabilidades en su seguridad.

3.-PROCEDIMIENTOS (ESPECIALES): Son los que se les hace a las diferentes normas, procedimientos, controles, planes de prevención que tiene una empresa, para determinar sus deficiencias, normalmente está incluido en el estudio de seguridad físico.

4.- FINALIDADES DE UN ESTUDIO DE SEGURIDAD

1.- Conocer las Vulnerabilidades (debilidades) del sistema de seguridad.

2.- Conocer las fortalezas del sistema de seguridad.

3.- Conocer el grado de Confianza de una persona.

4.- Conocer los riesgos existentes.

5.- Conocer las fuentes de riesgos existentes, probables

o posibles.

6.- Elaborar un plan básico de seguridad, prevenir y proteger eliminando los riesgos, de no ser posible estar preparado para disminuir sus efectos.

5.- ANILLOS DE SEGURIDAD O PROTECCION

El mejor sistema Protección es el conocido mundialmente como ANILLOS DE SEGURIDAD, la importancia que se le quiera brindar a la seguridad, determina el número de anillos, teniendo cuatro como básicos,

Los anillos de Seguridad o Protección se deben de analizar tanto horizontalmente como en forma vertical, teniendo en cuenta los siguientes aspectos:

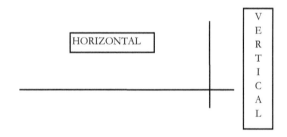

6.- PROCESO DE ELABORACION DEL E.S.

El proceso de elaboración del Estudio de Seguridad Físico, consta de tres fases, así:

■ **DESCRIPCION:** La primera fase, es la descripción total del sitio donde se va a realizar el estudio de

Seguridad, parte externa, que es el entorno, parte media, que son las barreras perimétricas y la parte interna que son las instalaciones, esta descripción tiene que ser al detalle por lo que se recomienda emplear cámaras fotográficas, de video y/o grabadora.

- **ANALISIS:** Una vez obtenida la descripción y de haber conocido el sitio al detalle, se hace un análisis de los sistemas de protección existentes con respecto a los actuales riesgos y vulnerabilidades.

- **CONCLUSION Y RECOMENDACIÓN:** En esta fase se determinará el grado de Riesgo del sitio y se presentaran propuestas para minimizar los riesgos y desaparecer las vulnerabilidades, fortaleciendo el sistema de protección.

Las Compañías exitosas y por tanto las más lucrativas, son por lo general las mejor dirigidas, controladas y las más seguras. Un alto grado de seguridad y control se logra por medio de la implantación de oportunas medidas de prevención, y nunca merced de planes súbitos, improvisados o por medio de programas de emergencia o de corto alcance.

El estudio de seguridad nos determinará en forma concreta el grado de amenaza y el nivel de riesgo. Con base en los resultados del estudio se diseñará el Programa de Seguridad, cuya amplitud y costo serán proporcionable al grado de exposición o peligro en que se encuentra actualmente la planta física y el personal de la empresa.

De acuerdo a lo anterior la Seguridad debe ser parte fundamental de la política gerencial a largo plazo, de cubrimiento integral y de alcance general y, como tal se debe convertir en uno de los más importantes puntos de apoyo para el desarrollo normal de la empresa.

Otro de los objetivos del Estudio de Seguridad, es de aproximar a la Gerencia _ a la realidad actual, reflejada en la falta de medidas de prevención las cuales permiten o facilitan que los niveles de inseguridad se disparen.

Teniendo en cuenta el anterior análisis, consideramos de vital importancia el apoyo que la Gerencia brinde al desarrollo del plan de seguridad, de tal manera que permitan identificar los riesgos, amenazas y vulnerabilidades en las diferentes áreas y procesos para prevenir, detectar y corregir todas las fallas que afectan y que atenta con el normal funcionamiento de la Empresa.

ELABORACION DE UN ESTUDIO DEL CONOCIMIENTO DEL ENTORNO

ESTUDIO DE SEGURIDAD

DESCRIPCIÓN

INFORMACION GENERAL:

Es la información general del sitio u organización donde se va a efectuar el estudio de Seguridad.

FUNCION DE LA EMPRESA: Es el Objeto social de la misma, se hace una breve descripción de su proceso.

ORGANIZACION: Es un censo general de las personas que laboran o residen en el sitio y su jerarquía.

HORARIOS DE TRABAJO: Permite determinar el número de personas y horario de permanencia en el sitio, es importante para saber que personas están autorizadas para laborar y para elaborar los Planes de Emergencia.

ESTUDIO DEL AREA PERIFERICA (TERRENO CIRCUNDANTE):

El Nivel Periférico es el Perímetro exterior este compuesto por la Topografía, barrios, conjuntos residenciales, status social, condiciones sociales, actividad comercial, autoridades, personajes, estaciones de servicio, hospitales, bomberos, subestaciones de teléfonos-electrificadora – gas – acueducto, construcciones, fuentes de riesgos (grupos de delincuencia, drogadicción), iluminación, vías de acceso, afluencia de personas, transporte.

ponal	Edif.	Alm.	

	Estación De gasolina	banco	Taller

VECINDARIO

La forma de determinar si es vulnerabilidad o fortaleza, es analizando cada situación en forma particular, en este momento se debe tratar de pensar como actuaría el delincuente, que técnica emplearía, que fachada utilizaría, más sin embargo debe tener en cuenta, no hay fortalezas 100% seguras, por consiguiente, hay que reforzarla, lo que aparenta ser una fortaleza se puede convertir en debilidad. Ejemplo: Tener el puesto de Vigilancia al lado de un puesto de Policía, se puede analizar como una fortaleza, debido a que se cuenta con un apoyo inmediato por parte de las autoridades, pero también se convierte en una vulnerabilidad, en el caso de que ese mismo sufra un atentado terrorista. En esta primera fase del estudio veremos:

1.- Área rural, urbana, sub – urbana: La ubicación es de vital importancia, una Área Rural presenta ventajas: No hay mucha afluencia de personas, se puede tener un censo de las viviendas y habitantes aledaños, una o máximo dos vías públicas, los habitantes se pueden integrar a un programa de asistencia y de acción Cívica. A su vez presenta desventajas, retirado de un apoyo inmediato, servicios públicos deficientes y fácil de sabotear, permite encubrimiento al delincuente. Área Urbana, presenta ventajas, apoyo más rápido por parte de la empresa y autoridades, servicios públicos eficientes, mayor vigilancia por parte de las autoridades. Desventajas, vías de acceso, fácil desplazamiento, emplear diferentes fachadas, mucha afluencia de personas.

2.- **Topografía:** La topografía se puede definir como plana, ondulada, montañosa, árida, selvática, boscosa, con el apelativo de semi, muy o poco. Presenta sus ventajas y desventajas, se debe tener en cuenta la observación, el follaje, vías de acceso como trochas, ríos, quebradas, precipicios, puntos críticos del terreno, desniveles.

3.- **Población:** De la población los puntos de referencias son: Status social (Alto – Medio – Bajo) Un Status Alto se puede decir que es ventaja, las personas tienen una cultura alta, buenos ingresos, etc. Pero también tienen sus desventajas, son más susceptible de amenazas, atentados, secuestros. Actividad económica, Comercial, industrial, financiera, portuaria, residencial y va ligada al panorama social y condiciones de trabajo.

4.- **Servicios Públicos y autoridades:** Es importante tener en cuenta la ubicación, distancia y tiempo de Policía, bomberos, hospitales, ambulancias, centrales o sub – estaciones de servicios públicos, para que se pueda brindar una ayuda en forma oportuna, teniendo en cuenta que tenerlos cerca, también presenta desventaja.

CARACTERISTICA DEL VECINDARIO:

Es describir la actividad económica del sector, el nivel social del sector, la tendencia de los habitantes, oficios, actividades, etc., de igual manera, los fenómenos naturales que se han presentado, latentes o probables, como de igual la experiencia de otras empresas.

PERIMETRO:

Es el nivel de Protección Volumétrico, se describe los límites del sitio y consta de los siguientes puntos.

CONSTRUCCION:

Hace referencia a las construcciones o terrenos aledaños, tipo de construcción, terrenos baldíos, quebradas, etc.

BARRERAS:

Casas, la fachada (Entrada o frente), paredes que limitan con los vecinos, patios. Edificio, la fachada (Entrada o frente), paredes que limitan con los vecinos. Conjuntos de Casas - Torres de Edificios y Empresas, se describen los tipos de barreras e iluminación, para lo cual existen diferentes diseños, así:

TIPO DE BARRERAS:

NATURALES: Ríos, quebradas, precipicios, taludes, árboles o cualquier fenómeno de la naturaleza que brinda protección.

ARTIFICIALES: Muros, Rejas, Mallas, Cercas o combinados.

ILUMINACION: NATURALES: La luz día (sol) en la noche la luna, es importante conocer las fases lunares.

ARTIFICIAL:

AEREA: Existen múltiples sistemas de bombillos, con características diferentes, mayor espectro (área iluminada) que otros y su duración entre otros aspectos, la ubicación y área por iluminar es importante, teniendo en cuenta, que las empresas y conjuntos prefieren que la iluminación sea al interior y descuidan el área exterior.

TERRESTRE: Farolas que están a ras de piso.

PUNTOS CRITICOS: Esto todo aquello que permita el sobre paso a la barrera, sea esta por la parte alta o baja de la estructura, como árboles, edificaciones pegadas, canecas, alcantarillas, huecos, etc. Puntos ciegos, son aquellos que por algún motivo no dan una visibilidad completa a la malla, desechos, árboles, matas, mala iluminación artificial.

CONTROLES DE ACCESO: Por ser una barrera, tiene entradas y salidas, describir que tipo de controles de acceso tienen, barras, rejas, portón, puertas, etc.

INSTALACIONES: Las instalaciones se hace una descripción general de la construcción, si es en cementos, tipo de mampostería, número de plantas(pisos), cantidad de edificaciones, etc. Posteriormente, se coge dependencia por dependencia y se describe teniendo en cuenta los siguientes aspectos:

PUERTAS: Tipo de puerta (Constitución): Madera, metálica, vidrio, combinada; Marco o Cerco de la puerta; Bisagras, pivotes de seguridad y tacos; Accesorios (Ojo mágico - alarma - cerrojos); Cerraduras.

VENTANAS: Constitución: Vidrio, plano, corrugado, blindado, Anjeo, hueco. Marco - Bisagras - Accesorios - Cerradura.

TECHO: Tipo de techo en zinc, teja Eternit, teja de barro, plancha. Traga Luz - Altura - Protección.

SISTEMA DE REFRIGERACIÓN: Ductos de aire, calados, claraboyas.

ILUMINACION INTERNA: Natural y artificial, sistema empleado.

ESTUDIO DEL CONOCIMIENTO DEL ENTORNO - ESTUDIO DE SEGURIDAD FISICO

LUGAR Y FECHA	:
EMPRESA	:
DIRECCION	:
TELEFONO	:
GERENTE	:
JEFE DE SEGURIDAD	:
FUNCIONARIOS PARTICIPANTES	:
ASESOR EN SEGURIDAD	:

I. DESCRIPCION GENERAL DE LA EMPRESA

1.- FUNCION DE LA EMPRESA:

_____

_____

_____

2.- ORGANIZACIÓN DE LA EMPRESA

EJECUTIVOS		OPERATIVOS	
EMP. ADMINISTRATIVOS		PLANTA	
OBREROS		EXTERNOS	
CONTRATISTAS		TEMPORALES	

3.- HORARIOS DE TRABAJO

HORARIO DIAS	TURNO No 1			TURNO No 2			TURNO No 3		
	DESDE	HASTA	No EMPL	DESDE	HASTA	No EMPL	DESDE	HASTA	No EMPL
LUNES									
MARTES									
MIERC.									
JUEVES									
VIERNES									
SABADO									
DOM/GO									
FESTIVO									

3.- UBICACIÓN AUTORIDADES Y SERVICIOS DE EMERGENCIA

AUTORIDADES	DIRECCION	TELEFONO
POLICIA		
SIJIN		
DAS		
UNASES / GAULA		
BOMBEROS		
TRANSITO		
ELECTRIFICADORA		
EMPRESA DE GAS		
ACUEDUCTO		
CRUZ ROJA /DEF. CIVIL		
AMBULANCIAS		
CENTROS ASISTENCIALES		
OTROS		

II. TERRENO CIRCUNDANTE

1.- AREA: URBANA_____ SUB-URBANA_____
RURAL

_____
_____
_____

2.- TOPOGRAFÍA: PLANA /MONTAÑOSA /BOSCOSA /SELVATICA /ONDULADA / DECLIVES

_____
_____
_____

3.- SISTEMA VIAL: RUTAS DE ACCESO / RUTAS RAPIDAS/ LENTAS/ AUTOPISTAS

_____
_____
_____

4.- SERVICIOS PUBLICOS DISPONIBLES: LUZ-AGUA-TELÉFONO-GAS-OTROS-

4.1. UBICACIÓN:

_____
_____
_____

4.2 PRESTACIÓN DEL SERVICIOS

_____
_____

III. CARACTERISTICAS DEL VECINDARIO

1.- STATUS ECONOMICO: Condiciones de trabajo y salarios / sectores: RESIDENCIAL – INDUSTRIAL – COMERCIAL – BANCARIO – PORTUARIO – AGRICOLA – GANADERO – PETROLERO:

_____

_____

2.- STATUS SOCIAL: ALTO - MEDIO ALTO – MEDIO – MEDIO BAJO - BAJO

_____

_____

3.- PANORAMA SICOLOGICO: Tendencias e influencias políticas, delincuenciales, subversivas, sindicales

_____

_____

4.- FENOMENOS NATURALES: Riesgos generados por la naturaleza Sismos, inundaciones, avalanchas, terremotos, deslizamientos de tierra, etc.

_____

_____

5.- EXPERIENCIAS DE OTRAS EMPRESAS / OTROS COMENTARIOS:

_____

_____

IV. PERIMETRO

1.- CONSTRUCCIONES DEL PERIMETRO:

Edificaciones Dominantes, tipos de construcción, desocupadas, lotes, terrenos baldíos, Construcciones que generen riesgo.

_____

_____

2.- BARRERAS PERIMETRICAS: Tipo, altura, material, distancia a la edificación principal, estado, limpieza, mantenimiento, remate final, sistemas electrónicos.

_____

_____

3.- PUNTOS CRITICOS DE LA BARRERA: Desechos cerca de la barrera, puntos ciegos, obstáculos, Techos, paredes, árboles cerca de la malla.

_____

6

ESTUDIO DE RUTAS

VISUALIZACIÓN – ASOCIACIÓN: MEMORIA A LARGO PLAZO

El estudio de rutas es realizado por el personal de avanzadas y/o hombres de seguridad y debe contemplar los siguientes aspectos:

✓ Las rutas hay que seleccionarlas en forma estratégica y que den garantías de seguridad para el PMI

✓ Las rutas se deben escoger y seleccionar con la menor cantidad posible de puntos débiles.

✓ Siempre se debe elaborar un equipo de recorrido o diseñador, la ruta es un mapa correspondiente al plan a desarrollar.

✓ En el estudio de rutas encontramos amenazas, riesgos y peligros de mayor o menor grado para el PMI.

✓ Se debe clasificar, analizar y evaluar cada punto débil para tomar todas las medidas de seguridad que sean necesarias.

➢ Escoja rutas que permitan movimientos rápidos y fluidos.

- ➢ Escoja rutas con la menor cantidad de obstáculos.
- ➢ Zonas verticales de observación (lugares altos y propicios para emboscar un franco tirador).
- ➢ Santuarios (lugares de protección. CAI, estación de policía, unidades militares, etc.).
- ➢ Rutas estratégicas (principal), rutas alternas, rutas de escape.
- ➢ Mapa del plan a desarrollar.
- ➢ Este pendiente de los medio de comunicación, con el fin de conocer los puntos de desvíos, bloqueos, repavimentación, obras, ciclovías, carreras deportivas, paros, etc.
- ➢ El estado de la vía, huecos, policías acostados, tapas de alcantarillas, lugares donde se puede colocar un explosivo.
- ➢ En las noches verifique que las rutas sean enumeradas, con movimiento rápido pero habitadas.
- ➢ Calcule la duración y distancia del recorrido, así como el tiempo de salida y tiempo de llegada.
- ➢ Ubique clínicas lugares de asistencia, hospitales, en caso de cualquier eventualidad, teniendo en cuenta que tipo de emergencias atienden en ese lugar.

- ➲ Rutas: amplia ojalá con separador
- ➲ Bien señalizada
- ➲ Bien iluminada
- ➲ Visibilidad en las curvas

- Alto tránsito
- Transitar por el carril rápido
- Santuarios o puntos de apoyo

Elección y plan de rutas

- Minimizar posibilidades de acción
- Maximizar escape y rescate
- Tiempos cronómetros
- Numero de cruces
- Puestos de dulces
- Puestos de frutas
- Vendedores en semáforos
- Volumen de tráfico
- Recolectores de basura – conteiner
- Bahías
- Puentes - visibilidad, maniobrabilidad
- Santuarios para ubicar el personaje
- Sitios estratégicos de la ruta, cebras, paradas
- Vías arterias que nos lleven al mismo destino
- Vías de escape en caso de atentado
- Lotes desocupados
- Diseñar y perfeccionar rutas constantemente
- No utilizar las rutas más cortas o directas
- Variar tiempos y horas
- Evitar calles solitarias, vías estrechas

- ➲ Curvas cerradas o difíciles, puentes estrechos

- ➲ Cruces demorados, sectores en construcción

- ➲ Desvíos o posibles obstáculos en la vía

- ➲ Asignar códigos a las rutas para mencionarse en público

- ➲ Vías rápidas de alta circulación

- ➲ Toda ruta después de las 20:30 horas es peligrosa

- ➲ A pesar de los obstáculos se debe procurar transitar lo más rápido posible

- ➲ Nunca detenerse, identificar obstáculos

- ➲ Mantenerse siempre alerta es la consigna general

- ➲ Pendiente en 3 o 4 vehículos detrás

- ➲ Posibles emboscadas en bocacalles

- ➲ Pendiente en tiempos en los semáforos, ya los sicarios actúan 15 a 20 segundos antes de que el semáforo cambie a luz verde

- ➲ Obstaculizar motos con vehículo seguidor

(Modelo de ejercicio)

RESERVADO

No. _____

VIGENCIA _____

ESTUDIO DE RUTAS

IBAGUÉ

1. INTRODUCCIÓN Y OBJETIVOS

1.1 INTRODUCCIÓN

Obtener conocimiento y entrenamiento sobre al análisis y reconocimiento de rutas específicas.

1.2 OBJETIVO

Tener conocimiento del sitio de destino al cual vamos a llegar cumpliendo todas las medidas de seguridad.

2. RUTAS PRINCIPALES

2.1 LUGAR Y HORA DE PARTIDA

Calle 31A No. 6-24 - 13:00 horas

HOJA No. _____ESTUDIO DE RUTAS No. _____

2.2 RECORRIDO

Ejemplo: Tomamos avenida Caracas y luego tomamos la calle 34, pasamos el Inpec y concejo, luego toma la avenida américas, tomamos la esperanza y llegamos al punto reconocido por la avanzada.

_____

_____

2.3 PUNTOS CRÍTICOS

Ejemplo: Caracas con 37, Caracas con 34, Calle 34 con 16, Puente bajo américas con 26

_____

_____

_____

HOJA No. _____

        ESTUDIO DE RUTAS No. _____

2.4 CUELLO DE BOTELLA

Ejemplo: Puente de américas con 34

_____

_____

2.5 PUNTOS DE APOYO (AUTORIDADES)

Ejemplo: CAI (diagonal 22 con carrera 42)

ESTUDIO DE RUTAS

Definición

Identificar plenamente las rutas tanto principales, alternas y de emergencia, distancia, tiempo, puntos de apoyo, sitios críticos y puntos de ahogo; adelantando las labores de inteligencia que sean necesarias, tendientes a garantizar la seguridad e integridad del dignatario en sus desplazamientos.

Es una evaluación a través de una inspección técnica que se efectúa a unas rutas, a fin de establecer sus vulnerabilidades, oportunidades, puntos de Apoyo, Críticos, Ahogo y de riesgo con el propósito de minimizar factores generadores de amenaza o peligro.

Cuando hablamos de inspección técnica, hablamos de recopilar información sobre las diferentes áreas y rutas, verificando la situación del orden público y de todos los sitios por donde nos vamos a desplazar, identificando

posibles agresores, analizando y clasificando niveles de riesgo, para así tomar medidas de seguridad pertinentes.

Es la evaluación o análisis de una dirección específica y de las rutas a utilizar en cualquier desplazamiento.

La prevención es el objetivo de los equipos de protección y dichos objetivos se conseguir por medio de técnicas anticipadas, son las mismas labores de inteligencia que se realizan de acuerdo a las necesidades, tendientes a garantizar la seguridad e integridad del dignatario en sus desplazamientos.

No olvidar que la avanzada es la responsable de todas las medidas de seguridad en los diferentes desplazamientos a seguir.

5. ESTUDIO DE RUTAS.

a. **Un estudio de ruta es la evaluación o análisis de la dirección específica y del área de viaje utilizada durante un movimiento de caravana automovilística.**

1) La prioridad número uno para los estudios de rutas es aquellas utilizadas en los movimientos rutinarios y desde el hogar y la oficina.

2) Los estudios de rutas se utilizan también para encontrar la ruta o rutas que provean la mayor seguridad posible y satisfagan las necesidades de los protegidos para desplazarse rápidamente.

3) El encargado del estudio de rutas es responsable de familiarizarse con ellas, de tener en rutas alternas, de emergencia hacia y desde todos los emplazamientos de seguridad. Los conductores son un elemento vital en este esfuerzo, y deben ser incluidos en el planeamiento de las rutas.

b. **Durante un análisis de rutas, uno de los pasos esenciales es identificar todos los puntos de ahogo.**

1) Los puntos de ahogo son lugares que no se pueden evitar.

2) Cualquiera sea el número de rutas disponible para los viajes rutinarios, siempre habrá dos puntos de ahogo: el punto inicial y el punto final.

3) Se debe prestar una mayor atención al encontrarse

c. **Otro elemento crítico del proceso de análisis de ruta es la identificación de puntos de peligro (puntos críticos).**

1) Los puntos de peligro son áreas situadas a lo largo de una ruta que representan un mayor nivel de peligro debido al terreno o a características incluyendo puentes, áreas arborizadas, parques, cubiertas de alcantarillas, casetas, recipientes de basura, población, etc.

2) Estas áreas requieren una cobertura con personal en el momento del movimiento para limitar el posible peligro.

d. **Requisitos básicos del estudio de rutas:**

1) Puntos de partida y de llegada.

2) Distancia total.

3) El tiempo de viaje (se mide durante el tiempo de uso real, si es de noche, se debe evaluar de noche y de día).

4) Descripción con mapa:

a) Rutas alternativas.

b) Rutas de escape y emergencia.

5) Peligros:

a) Desvíos.

b) Construcción.

c) Cruce de retenes.

    d) Cruces elevados.

    e) Edificios altos frente a la ruta o rutas.

6) Hospitales (los más cercanos, o los que tengan buenas unidades de trauma).

7) Refugios seguros (lugares a donde ir en caso de ocurrir un incidente durante el transito).

8) Puntos de ahogo y puntos de peligro.

9) Actividades normales en el entorno a lo largo de la ruta o rutas

10) Detalles de enlace:

    a) Barricadas.

    b) Puestos de Policía Unidades Militares.

    c) Control de multitudes

    d) Si se permite estacionar a lo largo de la ruta para los movimientos anunciados.

e. Varios:

1) Lugares interesantes a lo largo de la ruta.

2) Posibles lugares que el protegido puede tener interés en visitar.

3) Estudios de edificios seleccionados.

4) Posiciones contra francotiradores.

DEBEMOS TENER EN CUENTA

Actividades previas al estudio de las rutas.

Procedimientos en los sitios de desplazamiento.

Neutralización de la amenaza existente sobre la vía.

Documentación del Estudio de las vías o rutas a seguir.

RUTA PRINCIPAL

Es aquella que en un desplazamiento es la vía más frecuentada rápida y segura para llegar a un determinado sitio, previo estudio de seguridad. Cuando realizamos estudios de rutas, lo hacemos con el fin de encontrar aquellas rutas que provean la mayor seguridad posible;

El elemento vital para un buen emplazamiento, es tener una comunicación con el equipo de protección.

RUTA ALTERNA

Es aquella ruta que utilizamos como segunda opción o Plan B, cuando la ruta principal presenta algún inconveniente o no ofrece las suficientes garantías de seguridad. Es aquella ruta que utilizamos como segunda opción o Plan B, cuando la ruta principal presenta algún inconveniente o no ofrece las suficientes garantías de seguridad.

RUTA DE EMERGENCIA

Es aquella que utilizamos como última opción cuando ninguna de las dos anteriores presenta seguridad para el desplazamiento del Dignatario.

PUNTOS DE APOYO

Son aquellos que en un momento inesperado o de emergencia, nos pueden servir para resguardar, prestar primeros Auxilios, colaboración por parte de un ente Gubernamental o Privado.

Para garantizar la integridad física del dignatario, entre ellos tenemos:

Guarniciones Militares

Hospitales

Iglesias

Defensa Civil

Puestos de Policía

PUNTOS CRITICOS

Entendemos como puntos críticos todos aquellos que son vulnerables ante un atentado, como son Puentes Peatonales, intersecciones, Obras viales, Peajes, Un trancón, semáforos, puentes vehiculares, etc.

PUNTOS DE AHOGO

Son aquellas vías que tienen un sitio de acceso, pero que no tiene salida y en un determinado momento nos pueden Bloquear la Caravana. Los puntos de ahogo son lugares no predecibles, siempre tiene una entrada, Pero no una salida.

DEBEMOS TENER EN CUENTA

Actividades previas al estudio de las rutas: El estudio de rutas se realiza después de que se recibe la información y antes de comenzar el desplazamiento.

Procedimientos en los sitios de desplazamiento.: Debemos detectar y neutralizar atentados, una forma de hacerlo es como prioridad uno no coger la misma ruta en aquellos desplazamientos rutinarios, por ejemplo, de la casa al trabajo. Podemos utilizar un guía canino y hacer una inspección del sitio en el momento del desplazamiento, paquetes sospechosos etc.

Documentación del Estudio de las vías o rutas a seguir:

mapas de los sitios que vamos a visitar, otro con la vía más frecuente, tiempo y distancia de lugar a lugar, dirección y lugar exacto de todo el recorrido. Posibles problemas en la vía.

Descripción Generalizada de la ruta a seguir.

Realizar coordinaciones con Entidades de Transito que manejen Vías y Transporte, como secretaria de Tránsito y Transporte, Policía de Carreteras, para conocer el estado y Funcionamiento de las vías.

Una descripción y evaluación de los dispositivos de seguridad instalados.

Realizar el estudio de la Ruta inmediatamente después de la sesión de información inicial y antes de comenzar la actividad del desplazamiento.

Sugerencias para corregir cualquier vulnerabilidad.

Brindar al esquema de seguridad, un conocimiento directo del emplazamiento de la cápsula.

PRELACIÓN DE VIAS

Se llama prelación de Transito el Derecho que tienen los usuarios de la vía, peatón, vehículo o animal que transita por una vía pública de mayor jerarquía a continuar la marcha sin estar obligado a detenerse.

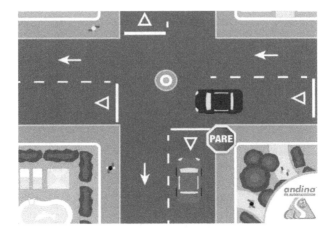

Para determinar el paso y uso de las vías públicas las zonas de perímetro urbano están sujetas a la siguiente clasificación jerárquica

VIA FERREA

Son aquellas por donde se desplazan trenes, locomotoras, autoferros etc., Tiene la mayor prelación en consideración a otros tipos de vehículos por la dificultad en la maniobra el frenaje y por su gran masa inercial.

AUTOPISTA

Tanto en el perímetro urbano como rural las autopistas

otorgan prelación a los usuarios que circulan en ellas prelación de paso debiendo detener la marcha únicamente en los cruces de vías férreas

VIA ARTERIA

Son las vías principales del sistema vial dentro de un perímetro urbano. Son las que atraviesan la ciudad de lado a lado como ej.:

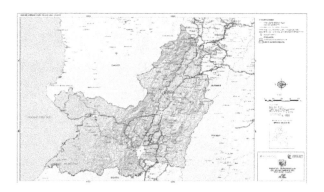

VIA PRINCIPAL

Son las vías así denominadas mediante resolución expedida por el **INTRA** esta debe ser apta para cualquier paso de vehículo, la mayoría de calles de nuestra ciudad son principales. son aquellas que toman el flujo vehicular y lo distribuyen a las demás vías como ejemplo.

VIA ORDINARIA

Son vías ordinarias, las calles, caminos y senderos de

propiedad del estado que se encuentran dentro el perímetro urbano, destinado al tránsito de vehículos, peatones, animales. Se caracterizan porque constan de una sola calzada de uno o dos carriles, con circulación para vehículos en una sola dirección. (Son las vías principales de cada barrio que ahora también se llaman colectoras por ser alimentadores

VIA PRIVADAS

Se denominan así las construidas en terrenos privados por particulares, pero que son abiertas al público, ej.: parqueaderos, centros comerciales, conjuntos cerrados algunas de estas pasan hacer públicas en el día y privadas de noche.

VIA PEATONALES

Para transito exclusivo de peatones, como puentes peatonales, andenes, alamedas, bocacalles, cebras, intersecciones demarcadas etc.,

PARADA MOMENTANEA

Es la detención completa de un vehículo bien sea público o particular, que pretendan dejar o recoger pasajeros a voluntad del conductor o pasajero, para realizar una parada momentánea se debe tener en cuenta:

- No obstaculizar el tránsito de los demás usuarios de las vías, ni cruzarse imprudentemente.

- No frenar bruscamente que puedan permitir una colisión

- Detener el vehículo a una distancia no mayor de 30Cm del anden

ESTUDIO DE RUTAS

El estudio de rutas es realizado por el personal de avanzadas y/o hombres de seguridad y debe contemplar los siguientes aspectos:

PLANTILLA DE REGISTRO EN UN ANALISIS DE RUTA

TIPO DE DOCUMENTO	**RESERVADO**	
TIPO DE DESCRIPCION	**GENRAL**	
TIPO DE ANALISIS	**ESTUDIO DE RUTAS**	
No	FECHA	
INTRODUCCIÓN	conocimiento y entrenamiento sobre al análisis y reconocimiento de rutas específicas.	
OBJETIVO	Tener conocimiento del sitio de destino al cual vamos a llegar cumpliendo todas las medidas de seguridad.	

RUTAS PRINCIPALES	
LUGAR DE SALIDA	
HORA DE PARTIDA	
RUTA A SEGUIR	
RECORRIDO A SEGUIR	Tomamos avenida Caracas y luego tomamos la calle 34, pasamos el **INPEC** y concejo, luego toma la avenida Américas, tomamos la esperanza y llegamos al punto reconocido por la avanzada
CUELLO DE BOTELLA	
PUNTOS DE APOYO	General mente los puntos de apoyo son las autoridades establecidas en ese sector; como CAI, UNIDAD MILITAR ESTACIONES DE POLICIA.
PUNTOS CRÍTICOS	

Nota: la Distancia debe no ser menos a 15 metros de una intersección.

1-Las rutas hay que seleccionarlas en forma estratégica y que den garantías de seguridad para el PMI

2-Las rutas se deben escoger y seleccionar con la menor cantidad posible de puntos débiles.

3-Siempre se debe elaborar un equipo de recorrido o diseñador, la ruta es un mapa correspondiente al plan a desarrollar.

4-En el estudio de rutas encontramos amenazas, riesgos y peligros de mayor o menor grado para el PMI.

5-Se debe clasificar, analizar y evaluar cada punto débil para tomar todas las medidas de seguridad que sean necesarias.

6-Escoja rutas que permitan movimientos rápidos y fluidos.

7-Escoja rutas con la menor cantidad de obstáculos.

8-Zonas verticales de observación (lugares altos y propicios para emboscar un franco tirador).

9-Santuarios (lugares de protección. CAI, estación de policía, unidades militares, etc.).

10-Rutas estratégicas (principal), rutas alternas, rutas de escape.

11-Mapa del plan a desarrollar.

12-Este pendiente de los medios de comunicación, con el fin de conocer los puntos de desvíos, bloqueos, repavimentación, obras, ciclovías, carreras deportivas, paros, etc.

13-El estado de la vía, huecos, policías acostados, tapas de alcantarillas, lugares donde se puede colocar un explosivo.

14-En las noches verifique que las rutas sean enumeradas, con movimiento rápido pero habitadas.

15-Calcule la duración y distancia del recorrido, así como el tiempo de salida y tiempo de llegada.

16-Ubique clínicas lugares de asistencia, hospitales, en caso de cualquier eventualidad, teniendo en cuenta que tipo de emergencias atienden en ese lugar.

Descripción general de las Rutas: amplias y ojalá con separador, Bien señalizadas con una Buena iluminación; con amplia Visibilidad en las curvas, preferiblemente Alto flujo de tránsito; es importante Transitar por el carril rápido y tener muy pendiente los Santuarios o puntos de apoyo.

Elección y plan de rutas: para la elaboración de un plan de rutas es importante tener en cuenta los Siguientes aspectos:

1-Minimizar posibilidades de acción

2-Maximizar escape y rescate en Tiempos cronométricos

3-Numero de cruces, número de Puestos de dulces, número de Puestos de frutas

4-Vendedores en semáforos

5-Volumen de tráfico

6-

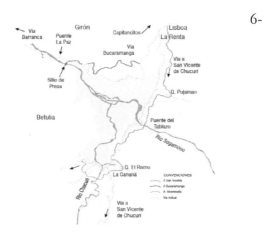

Recolectores de basura – conteiner, Bahías

7-Puentes - visibilidad, maniobrabilidad, Santuarios para ubicar el personaje

8-Sitios estratégicos de la ruta, cebras, paradas, Vías arterias que nos lleven al mismo destino, Vías de escape en caso de atentado

9-Lotes desocupados

Es muy Importante Diseñar y perfeccionar rutas constantemente; No utilizar las rutas más cortas o directas Variar tiempos y horas y Evitar calles solitarias, vías estrechas, Curvas cerradas o difíciles, puentes estrechos, Cruces demorados, sectores en construcción, Desvíos o posibles obstáculos en la vía.

En el Momento de Asignar códigos a las rutas para mencionarse en público, siempre se debe Buscar Vías rápidas de alta circulación; Toda ruta después de las 20:30 horas es peligrosa. se debe tener muy en cuenta que A pesar de los obstáculos se debe procurar transitar lo más rápido posible Nunca detenerse, identificar obstáculos y Mantenerse siempre alerta es la consigna general.

Cabe aclarar que se debe estar Pendiente en 3 o 4 vehículos detrás, pues no se descartan las Posibles emboscadas en bocacalles, al igual que se debe estar Pendiente en tiempos en los semáforos, ya los sicarios actúan 15 a 20 segundos antes de que el semáforo cambie a luz verde; es claro que todos deben saber Obstaculizar motos con vehículo seguidores.

CUADRO DE INDICIOS Y FACTORES DE RIESGO EN EL ESTUDIO DE RUTAS				
DESCRIPCION DE LAS CARACTERISTICAS GENERALES	NO	A VECES	SI	¿POR QUE?
	2	3	5	
TOTAL, PUNTOS				
MULTIPLE POR	2	3	5	
TOTAL, Y SUMA				

CALIFICACION DEL RIESGO	PUNTAJE 0% AL 100%	
BAJO: Se califica de 0% hasta 25% de la suma de todos los Resultados		HASTA
MEDIO: Se califica de 26% hasta 55% de la suma de todos los Resultados		HASTA
ALTO: Se califica de 56% hasta 99% de la suma de todos los Resultados		HASTA

7

PROCEDIMIENTOS DE LOS ESCOLTAS

Definición

Son los procedimientos de seguridad que realiza un grupo profesional de personas preparadas

especialmente como escoltas y constantemente para cuidar, defender la integridad y la vida de su protegido, reaccionando veloz y eficazmente con todo el poder y elementos disponibles, para prevenir o repeler cualquier ataque o agresión y evacuar al personaje a sitio seguro.

Todo el personal de la empresa debe conocer y seguir las normas sobre protección de la información y normas de seguridad personal.

Todo personal externo a la compañía como contratistas, visitantes, consultores etc. Deben cumplir los procedimientos sobre ingreso a las dependencias de la empresa.

El personal de servicio doméstico, mayordomos, asesores deben recibir instrucciones sobre contra vigilancia y medidas de seguridad preventiva.

El personal de seguridad debe acatar de manera estricta las leyes y normas debe ser respetuoso de las Autoridades y en toda situación asumir una actitud firme, pero sin atropello.

Se debe cumplir estrictamente con las normas de tránsito,

especial atención al cumplimiento de los topes de velocidad: en áreas residenciales.

El personal de escoltas debe usar los elementos de seguridad asignados para el efecto tales como los chalecos.

Blindados, botas de seguridad, cascos, armas, manos libres, etc. Aun en temporada de lluvia, se deben emplear Las botas de seguridad; las botas de caucho NO ofrecen protección en caso de accidente por lo tanto no se Autoriza su uso.

La seguridad a directivos, se prestará en cualquier tiempo y lugar.

Los medios físicos de seguridad tales como alarmas, vehículos armas, equipos de comunicación, deben cumplir estrictamente el mantenimiento previo y deben ser inspeccionados periódicamente a fin de verificar su estado de funcionamiento.

Todos los directivos y sus familias, deben contar con un dispositivo mínimo de seguridad, representado por vehículo blindado, escolta en moto y/o conductor escolta.

La seguridad debe enfocarse hacia la prevención, por lo tanto, el personal de escoltas debe ser entrenado en actividades de contra vigilancia, perfil del delincuente, observación modus operandi de la delincuencia organizada y grupos armados, estudio de casos etc.

Cualquier novedad que, a criterio de los directivos, funcionarios y/o personal de seguridad de dicha empresa se vea amenazada debe informarse inmediatamente al personal de seguridad.

El personal de seguridad debe conocer la ubicación de

centro médicos, clínicas y hospitales de la ciudad (en especial de las zonas frecuentadas por los directivos) así como unidades militares de nivel batallón o mayores y unidades de policía de nivel distrito o mayores, para efectos de atender situaciones de emergencia.

Los vehículos blindados solo se abrirán en lugares seguros; si la autoridad exige que se habrá, el vehículo deberá desplazarse a una unidad militar de nivel batallón o superior, o estación de policía o superior. Solo en estos lugares podrá abrirse el vehículo.

Funciones de los escoltas:

1-Dar protección a personas y a los bienes que le asignen bajo su cuidado, en áreas fijas o en los desplazamientos.

2-Conocer las armas y el correcto funcionamiento de las mismas.

3-Conocer los deberes de la profesión y de su cargo con la ética.

4-Informar a tiempo alguna enfermedad o emergencia que le impida cumplir sus deberes o llegar a tiempo a su lugar de trabajo.

5-Mantenerse en estado de alerta, no confiarse de nada

6-Nunca abandone su puesto, sin previa autorización.

8-No hable innecesariamente con el público o extraños

9-No escuche radio y televisión mientras se encuentra de servicio.

10-No se duerma durante su jornada de trabajo.

11-No suministre información de la empresa o de la persona protegida, Saber callar es guardar el secreto.

12-No revele planes o información relacionada con la seguridad de la persona protegida, vehículo o mercancía.

13-No haga asuntos particulares durante su período de servicio ya que así descuida su misión.

14-No haga ostentación de su cargo, sea discreto, así disminuye el riesgo.

15-Capacítese permanentemente, mantenga el estado físico y anímico en las mejores condiciones.

16-Maneje toda la información con prudencia y reserva.

17-Respete la ley, el orden y la moral ciudadana.

18-Sea leal con sus jefes, superiores y compañeros.

19-Si lo dotan de un vehículo, manténgalo en perfectas condiciones de funcionamiento. Revíselo permanentemente, no lo deje abandonado ni siquiera por un instante.

20-Saber conducir, tener licencia de conducción y saber maniobrar con seguridad en casos de emergencia, conocer las técnicas de maniobras de evasión y observar las normas de tránsito.

21-Saber buscar información, sospechar con fundamento, detectar los riesgos y tomar las medidas necesarias para neutralizarlos.

22-Conocer el empleo y operación de los medios de comunicación, teléfono, radio. Transmitir los mensajes en forma clara y concisa y de manera oportuna.

23-Mutua comprensión y una buena relación con el personaje, así la seguridad será más eficaz y se podrá coordinar mejor.

Procedimiento de escoltas

Mantener una constante preparación y entrenamiento, es sin duda la mejor manera de sobrevivir y la mejor respuesta a la amenaza de la inseguridad.

El grupo de escoltas debe estar en capacidad de neutralizar cualquier intento de atentado o ataque al personaje, mercancía o vehículo que se está protegiendo.

Observar y cumplir con las normas establecidas en el plan de seguridad, así como las funciones específicas de cada uno de los escoltas.

Mantener una fuerza o equipo de reacción, de nada sirve impartir una serie de normas de seguridad, si realmente no existe una fuerza de reacción que impide que se atente contra las personas o bienes que se están protegiendo.

Mantener un sistema de alerta, que permita a la fuerza de seguridad reaccionar a tiempo y preparar una respuesta eficaz en el menor tiempo posible para recuperar la normalidad.

Correcto empleo y operación de los equipos que se hayan asignado. Alarmas, C. C. T. V., Cámaras, Sensores, Radios, Binoculares, Vehículos, Motos, etc.

Recuerden la efectividad de los medios o normas de seguridad que se adopten, depende de las personas que los operan o las ponen en práctica.

El escolta debe anticiparse a los hechos, mediante la prevención, la vigilancia, el estado de alerta permanente para no dejarse sorprender muchos han muerto sin tener tiempo siquiera de sacar su arma de la funda.

El escolta debe estar pendiente hasta de los más mínimos detalles, que puedan poner en peligro la vida de la persona por proteger, desde las condiciones de la carretera, calles y rutas de desplazamiento, hasta las amenazas directas de guerrilla o delincuencia común, terroristas, delincuencia organizada, etc.

Actuar como un equipo, como un grupo, coordinado y no cada uno por su cuenta o individualmente. Cada cual tiene una misión específica que cumplir. Uno será el encargado de conducir el vehículo, otro el encargado de vigilar y observar, etc.

No dejar nada al azar, todo movimiento debe estar bien calculado, planeado y coordinado. Debe existir una estrecha comunicación entre todos los que conformen el grupo de protección y seguridad del personaje.

Elaborar una lista de verificación de cada uno de los lugares o sitios por visitar, para evitar omitir detalles (ruta principal, vía aérea, hotel, aeropuerto, club, etc.).

En situaciones donde el riesgo o la amenaza son grandes se deben colocar unos circuitos concéntricos de protección alrededor del personaje llamados circuitos de seguridad: interior o exterior, partiendo del personaje hacia fuera, para ofrecer obstáculos cada vez más fuertes y difíciles, que le impidan acercarse al posible atacante.

Estos círculos pueden ser fijos o móviles (desplazarse con el personaje).

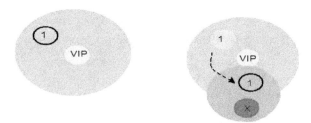

El círculo exterior es el encargado de identificar a las personas que traten de acercarse o penetrar. Además, sirve como barrera que impide el paso de personas sospechosas y no autorizadas. También es el encargado de transmitir señales o alarmas en caso de peligro o amenaza, con el fin de reforzar la seguridad, neutralizar el ataque hasta movilizar al personaje a un lugar seguro o mientras llega el apoyo de las autoridades o grupo de reserva.

La función del círculo interior, es la de verificar a un más las personas que se les permitió entrar a esa zona, estar preparado para poner en práctica planes de contingencia en caso de riesgo inminente, proteger y cubrir al personaje.

Ponga en práctica todas las medidas de seguridad que los conduzca a mantener la alerta, de esta manera disminuye el factor sorpresa.
Antes de cualquier desplazamiento obtenga información sobre la ruta, lugar por visitar, planee y coordine todos los detalles.

Actúe con tacto y discreción, de tal manera que no le vaya crear situaciones embarazosas u hostiles al personaje. La actuación de los escoltas debe ser firme pero cortés.

Mantenga su cuerpo de frente al posible peligro, pero protegido si es posible. Siempre permanezca de pie cuando personas extrañas o sospechosas estén presentes en el área de seguridad.

Si esta solo por la noche, use luces, ir o pasar por sectores oscuros donde podría ser atacado sin aviso.

Siempre compruebe que todo a su alrededor está correcto,

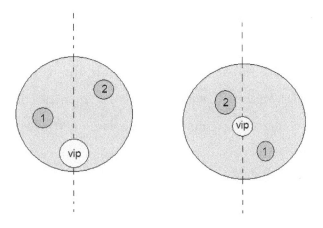

no permite que lo tomen por sorpresa, seleccione el lugar donde hay menos posibilidades de ataque.

No sea rutinario varié o cambie de rutas, horas de llegada y salida, eso dificulta el accionar del posible agresor.

Mientras sea posible, maneje por el centro del camino, así no será forzado a salirse y tendrá más espacio para maniobrar. En autopista use la línea interior.

Ante situaciones de alto riesgo o en caso de ataque si hay

varios escoltas, traten de no estar juntos, porque una ráfaga o disparos a quemarropa los puede eliminar a todos.

En los puestos fijos, los escoltas no deben estar al lado del personaje, sino a una distancia visual y de apoyo de fuego. No sentarse a almorzar en la misma mesa, por ejemplo.

Las circunstancias en que deben actuar, frente a un enemigo resuelto y en el momento menos esperado, tienen que tener sangre fría y un alto grado de decisión y una capacidad técnica a toda prueba.

El escolta debe tener presente que, de su seguridad y rapidez para desenfundar el arma, lo coloca en una posición ventajosa frente al criminal, por lo tanto, debe familiarizarse con todas las modalidades de tiro, para salvar su vida y la del personaje protegido.

Medidas de Seguridad

Mantener una constante preparación y entrenamiento es sin duda la mejor manera de sobrevivir y la mejor respuesta a la amenaza de la inseguridad.

El grupo de escoltas debe estar en capacidad de neutralizar cualquier intento de atentado o ataque al personaje mercancía o vehículo que se está protegiendo.

Observar y cumplir con las normas establecidas en el plan de seguridad, así como las funciones específicas de cada uno de los escoltas.

Mantener una fuerza o equipo de reacción, de nada sirve impartir una serie de normas de seguridad si realmente no existe una fuerza de reacción que impide que se atente contra las personas o bienes que se están protegiendo.

Mantener un sistema de alerta, que permita a la fuerza de seguridad reaccionar a tiempo y preparar una respuesta eficaz en el menor tiempo posible para recuperar la normalidad.

Correcto empleo y operación de los equipos que se hayan asignado. Alarmas C.C.T.V. Cámaras, Sensores, Radios, Binoculares, Vehículos, Motos, etc.

El escolta debe anticiparse pro activo a los hechos mediante la prevención, la vigilancia, el estado de alerta permanente para no dejarse sorprender muchos han muerto sin tener tiempo siquiera de sacar su arma de la funda.

El escolta debe estar pendiente hasta de los más mínimos detalles, que puedan poner en peligro la vida de la persona por proteger. Desde las condiciones de la carretera, calles y rutas de desplazamiento hasta las amenazas directas de guerrilla o delincuencia común, terroristas, delincuencia común organizada.

Actuar como un equipo, como un grupo coordinando y no cada uno por su cuenta o individualmente. Cada cual tiene una misión específica que cumplir. Uno será el encargado de conducir el vehículo, otro el encargado de vigilar y observar.

No dejar nada al azar, todo movimiento debe estar bien calculado, planeado y coordinado. Debe existir una estrecha comunicación entre todos los que conformen el grupo de protección y seguridad del personaje.

Elaborar una lista de verificación de cada uno de los

lugares o sitios por visitar, para evitar omitir detalles (ruta principal, vía aérea, hotel, aeropuerto, club).

En situaciones donde el riesgo o la amenaza son grandes se deben colocar unos circuitos concéntricos de protección alrededor del personaje llamados circuitos de seguridad: interior o exterior, partiendo del personaje hacia fuera, para ofrecer obstáculos cada vez más fuertes y difíciles, que le impidan acercarse al posible atacante. Estos circuitos pueden ser fijos o móviles. (Desplazarse con el personaje).

El círculo exterior es el encargado de identificar a las personas que traten de acercarse o penetrar. Además, sirve como barrera que impide el paso de personas sospechosas y no autorizadas. También es el encargado de transmitir señales o alarmas en caso de peligro o amenaza con el fin de reforzar la seguridad, neutralizar el ataque hasta movilizar al personaje a un lugar seguro o mientras llega el apoyo de las autoridades o grupos de reserva.

La función del círculo interior es la de verificar aún más las personas que se les permitió entrar a esa zona, estar preparado para poner en práctica planes de contingencia en caso de riesgo inminente proteger y cubrir al personaje.

El personal que desempeña tareas y funciones

En la seguridad privada es inminente cumplir en todo momento con los deberes y obligaciones que imponen las leyes de la Nación y los que regulan las actividades de la seguridad privada. Para prevenir este tipo de amenaza se deben seguir los siguientes procedimientos tales, como:

-   En el desempeño de sus tareas respetarán y harán cumplir todas las leyes, reglamentaciones y resoluciones que protejan la dignidad y los derechos humanos de las personas.

- El uso de fuerza solo podrá ser impuesto cuando fuese necesario en defensa propia o si existiese un riesgo de muerte a otra persona.

- En coordinación con el jefe de Operación de la empresa de vigilancia, o jefe de personal de la empresa, adelantar pruebas de confianza al personal de empleados de la misma.

- Así mismo, le estará prohibido el dar a conocer a terceros la información de la que tome conocimiento por el ejercicio de la actividad sobre sus clientes, personas relacionadas con esto, así como de los bienes o efectos que custodien.

- Denunciará todos los hechos delictivos de los que por sus funciones tomare conocimiento, haciéndolo saber en forma fehaciente a sus superiores, a la policía o autoridad judicial competente.

- No podrá infligir, instigar o tolerar ningún acto de tortura u otros actos inhumanos o degradantes ni invocar la orden de un superior o cualquier otra circunstancia como justificación para llevarlo a cabo.

- El personal de seguridad en cumplimiento de sus tareas y funciones, tiene la obligación de colaborar con la fuerza de seguridad pública, cuando éstas estén cumpliendo sus funciones específicas en el lugar donde presta servicio el personal de seguridad privada o en sus inmediaciones. Esta colaboración obligatoria se llevará a cabo siempre y cuando no afecte la custodia de personas y bienes a su cargo.

- Es obligación del personal de seguridad asistir a disminuidos físicos y proporcionar en forma inmediata la atención médica correspondiente.
- Su conducta en el servicio como en su vida privada será honesta, íntegra y solidaria por lo que la misma deberá ser ejemplo para la comunidad.
- La capacitación y entrenamiento deben ser el pilar para poder brindar un eficiente ser- vicio en su importante función de proteger la vida y los bienes que le han sido encomendados.
- Le está prohibido recibir cualquier tipo de recompensa, prebenda o premio de tercero a excepción que estos estén reglamentados y autorizados por la empresa a la que pertenece.
- Prestará arma cuando estuviese expresamente autorizado por la autoridad de aplicación en los lugares y condiciones que establezca la reglamentación vigente.

  Tiene la obligación de respetar y hacer cumplir este código e impedir su violación, como así también informar de inmediato a sus superiores o a la autoridad policial competente dicha violación.
- Mantener una relación laboral de seguridad con los empleados.
- No tener confianzas.
- Presentar los informes sobre su gestión.
- Mantener informado al jefe de Escoltas o quien haga sus veces; de los indicios y sospechas de ilícitos, recomendándole procedimientos de control que se pueden efectuar.

Errores que debe evitar un escolta de seguridad privada:

1-No entrenarse periódicamente:

Como todo lo que aprendemos alguna vez, lo que no se practica se olvida. Por eso, es recomendable que los escoltas de seguridad realicen cursos de actualización, y diseñando programas de mantenimiento de manera constante y regular. Cuando no se mantiene un entrenamiento constante, un escolta de seguridad tiende a cometer errores que pueden ser letales como:

a-Perder la malicia y el rigor de los procedimientos.

b-Tiende a confiarse demasiado

c-Mantiene bajo nivel de atención a lo que sucede a su alrededor

d-Puede tener descoordinación con su compañero durante emergencias

e-Pierde la habilidad con armas.

f-Pierde la condición física.

2-Aceptar que el Protegido asigna funciones que No son sus funciones:

En este caso están pueden ser convertirse en el mensajero personal, cargador de equipajes, chofer de la pareja, o quien cuida las mascotas, lava el carro y hasta jardinero. Esto no tiene nada que ver con su trabajo, y lo que hace es distraer al escolta de realizar sus tareas fundamentales, como son: planificar, observar y tener capacidad de respuesta en cualquier situación de riesgo que se presente.

3-Que su protegido no siga los procedimientos

Sabemos que para muchas personas que no estén acostumbradas a la protección de un escolta, al principio puede resultar extraño incluir a un escolta en la vida cotidiana, pues el escolta será la sombra del protegido, conocerá su rutina, hábitos, personas cercanas y hasta intimidades que no siempre son cómodas. Si el protegido comienza a sentirse que le están violando su privacidad con la protección del escolta, puede tender a realizar actos que se salgan del protocolo de seguridad, como evitar que lo acompañen a determinados lugares, obligándolos a permanecer en el carro o lejos del sitio en el que permanece.

Este tipo de acciones ponen en riesgo la seguridad del escoltado:

Desconocimiento del número de escoltas, de acuerdo a la ocasión, cuando se necesita más de un escolta.

El trabajo en equipo, con un protocolo de seguridad establecido, permitirá mejores reacciones a la hora de que se presente cualquier situación de riesgo y que el escoltado salga ileso.

4-Carga horaria Excesiva sin Necesidad:

Debemos evitar ponerle al escolta de seguridad una carga horaria excesiva, pues para este tipo de trabajos, el escolta debe estar descansado y al **100%** de su capacidad física y mental. Recordemos que el trabajo de un escolta de seguridad muchas veces es monótono y rutinario, y si además de esto está cansado, será mucho más fácil tomarlo por sorpresa; muchos delincuentes tienden a llevar a cabo secuestros y atentados antes de llegar al hogar al final del día, pues a esta hora es cuando precisamente los niveles de alerta están más bajos.

5-Contratar Escoltas NO capacitados y Entrenados:

Debemos tener en cuenta que cuando hablamos de protección de personas, esta exige, además de un amplio conocimiento de la actividad, la estructura de una empresa con experiencia y capacitada para responder a las demandas de seguridad que la actividad de los protegidos genera; para que un escolta pueda ejercer su profesión, deben ser entrenados física y psicológicamente, para que puedan afrontar todos los peligros de sus labores. Por eso es importante que los escoltas de seguridad que contraten provengan de una empresa con experiencia en el mercado.

Escalones Y Niveles De Seguridad

El **V.I.P** se desplaza en medio de los tres círculos de seguridad anteriormente citados, de modo que se encuentra perfectamente protegido por las personas que los integran, cada uno en la misión que les está asignada.

Conceptos base.

En toda operación o dispositivo, en los Segundos y Terceros Círculos de Protección, se emplean, habitualmente, efectivos en puestos en lo que se desarrollan determinadas actividades básicas de seguridad.

A continuación, vamos a precisar y veremos el concepto de cada uno de esos puestos de Seguridad.

Puestos de Seguridad

Se denomina Puesto de Seguridad a un área de responsabilidad a cargo de personal especializado, para control de las personas y cosas que en ella se encuentren y establecido con arreglo y dentro del marco de un Plan Integral de Seguridad.

Clases de puestos de seguridad.

- Puesto de vigilancia

Consiste en el ejercicio de una función de seguridad, con la responsabilidad de observar aun área específica y las personas o cosas que en ella se encuentran.

Entre sus funciones ésta:

- Observación del área señalada para cada puesto de vigilancia.
- Observación de personas y cosas existentes en la misma, con objeto de detectar personas u objetos que se consideren sospechosos.
- Comunicación de toda novedad que se observe al puesto de mando a fin de adoptar las medidas necesarias para la solución del problema.

Los Puestos de Vigilancia pueden ser fijos o móviles.

Los lugares idóneos para establecer los puestos de vigilancia varían según las características de cada situación concreta, pero a modo de ejemplo pueden citarse azoteas, alrededores del edificio donde se encuentre el protegido, entre el público en una concentración de personas, en pasillos y corredores del hotel donde aloje etc.

En este caso, esos Puestos de Vigilancia estaban bien establecidos en el Segundo Círculo de Protección, pero sus integrantes incurrieron en una manifiesta falta de atención. También, uno de ellos resultó gravemente herido.

- Puesto de revisión y control.

Puesto de responsabilidad asignado a determinados efectivos, el cual es un filtro por el que deben pasar necesariamente las personas con el fin de tener acceso a una zona restringida, y sirve para comprobar y registrar en su caso, la identidad de las personas, los vehículos y los objetos que estos portan.

Solo en el marco de una operación o dispositivo de Protección de Personas se denomina Puesto de Control a lo que es el Control de accesos de edificios. El Puesto de Control o Control de accesos puede ser eventual o permanente.

Algunas de sus funciones son:

- Ejercer el control al acceso al área restringida que se pretende asegurar.

- No permitir la entrada a esa zona de personas, vehículos u objetos que no estén autorizadas para ello. Es conveniente que cuando a alguna persona no se le pueda permitir la entrada por no estar provisto de acreditación o identificación, exista en las inmediaciones un despacho para poder expedirla en el acto, (naturalmente, siempre que esa persona le corresponda dicha identificación o acreditación) con el objeto de evitar incidentes en ese lugar que pudiera crear problemas.

- Puesto especial de seguridad.

Puesto que se le asigna a un miembro del equipo de seguridad con un deber especificoen relación con un movimiento protector. Se pueden citar como ejemplos: la responsabilidad de custodiar el equipaje del protegido, para evitar sabotajes osustracciones, la conducción del vehículo de escolta, despeño de la función de enlace conel puesto de mando o sala de operaciones. etc.

Interior De Edificios

Partimos de la premisa de que el edificio en el cual se realiza la protección no es el domicilio habitual ni el lugar de trabajo del protegido que será tema de estudio más adelante.

Antes de que el **VIP** llegue al edificio, parte del equipo de protección (avanzada) se desplazará a este para efectuar una inspección completa, localizando algún recinto que pueda servir como zona de seguridad en caso de atentado, estableciendo en él un puesto de vigilancia una vez efectuada la requisa.

Cuando la asistencia de personas al edificio sea masiva se creará una zona de seguridad libre de personas, procurando que los más próximos sean personas de toda garantía.

En el edificio y si es necesario se situarán otros puestos de seguridad y vigilancia, especialmente en el trayecto que deberá recorrer el **VIP**.

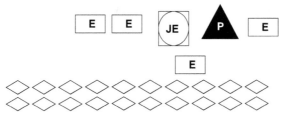

Líneas de recepción.

1-Las líneas de recepción son peligrosas porque hay mucha gente, lo cual facilita el tener oculta un arma.

2-Debe haber un escolta delante del oficial protegido para verificar a todos los participantes y para responder a un atacante, y un escolta líneo abajo del protegido para asegurar que no se produzca ningún ataque desde dicha dirección o que nadie se dé vuelta regrese

3-El jefe de la escolta se coloca detrás y a un lado del protegido. El uso de barreras, por ejemplo, cuerdas, ayuda a controlar el flujo.

Ingreso y egreso de un vehículo.

1-La vulnerabilidad del protegido aumenta cuando está en transición entre el movimiento en un vehículo y el movimiento a pie.

2-Los movimientos de los escoltas de protección desde el vehículo de seguimiento hacia el vehículo del protegido se deben ejecutar de manera rápida y eficiente.

3-Esto asegura que no se pierda la integridad de la seguridad.

4-Crea una imagen de alto profesionalismo a ojos de los observadores.

5-El ingreso y egreso deben efectuarse con seguridad, a fin de evitar que se lesionen los miembros de la escolta y se pongan en peligro la seguridad del protegido.

6-Estas técnicas requieren práctica y trabajo de equipo de todas las personas participantes, incluyendo a los conductores.

7-Los procedimientos varían según la situación.

    a. El número del personal de protección.

    b. El tipo de vehículo utilizado para el transporte del protegido y un ambiente seguro.

    c. Cualquiera sea el tipo de vehículo, si el ambiente no es seguro.

    d. Posicionamiento del personal (con base a un Esquema de cinco personas).

8-Automóvil del protegido.

a-El protegido está en la parte posterior derecha.

b-El jefe de la escolta está en el asiento frontal derecho (el asiento caliente).

Escaleras

Antes de ser utilizadas por el VIP es conveniente realizar una requisa de la misma situándose puestos de vigilancia en las plantas intermedias o adelantándose (si no hay efectivos suficientes) un equipo de protección.

Cuando el VIP se esté moviendo por la escalera la mitad de los componentes del círculo interior marcharán delante de él y la otra mitad se colocará detrás para tener vigilada la parte posterior, situándose el jefe de Equipo al lado de la personalidad. Deben guardarse las distancias que sean convenientes atendiendo a las dimensiones de las escaleras y al grupo de personas que puedan acompañar al VIP.

Cuando se trate de una escalera automática el dispositivo de seguridad será el mismo, con la especial dificultad que supone la necesidad de que en la escalera de sentido contrario se encuentren más efectivos del grupo de protección, para controlar el ascenso o descenso.

Ascensores

El movimiento en ascensores presenta una serie de peligros adicionales, que aconsejan prescindir de su utilización, salvo en caso de no existir otro remedio viable.

Será necesario efectuar una minuciosa requisa previa, que comprenderá: el habitáculo, el hueco, los cables y la maquinaria para comprobar que no han sido objeto de manipulación. Es conveniente establecer un puesto de vigilancia en cuadro de control general de fluido eléctrico, sala de maquinaria, planta de destino, plantas intermedias.

Equipo de reacción en un punto estratégico Cuando el protegido tome el ascensor con un grupo de gente, es necesario que lo acompañen por lo menos dos integrantes del equipo de protección.

Conveniente que dos o más miembros del equipo suban o bajen por las escaleras hasta el punto de llegada del VIP, al objeto de comprobar que la zona se encuentra despejada de peligros, esperando en este punto la llegada del protegido.

Líneas De Recibimiento

Cuando la personalidad ocupe una posición fija en una línea de recibimiento, el jefe del grupo de protección se colocará inmediatamente detrás de él. Otro escolta instalará un puesto de control en la entrada del local donde este formada esta línea, acompañado de alguna persona perteneciente a la organización del acto que le sirva de auxilio en la identificación de las que tengan autorizado el acceso.

Otros dos escoltas permanecerán en el interior del local, con la misión de vigilar y de procurar que tenga

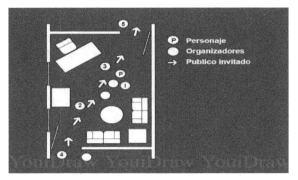

fluidez la hilera de personas que van a saludar a la personalidad.

Un quinto hombre de seguridad se ubicará junto a la puerta de salida con la misión de impedirel acceso por ese lugar y para estimular la marcha de los que hayan saludado a la personalidad.

Estos cinco hombres forman el circulo interior que proporciona una seguridad de 360 grados en torno al protegido.

Naturalmente previamente a la iniciación del acto y de la llegada de la personalidad se habrá realizado una requisa del local.

Línea O Cuerdas De Control

En este caso se colocarán dos escoltas delante de la personalidad y otros dos tras ella. Los más inmediatos al protegido vigilarán exclusivamente las manos de las personas que saluden o estén más próximos a él, mientras que los otros dos más alejados ejercerán una vigilancia más general del público. El quinto hombre se colocará a una distancia prudencial de las espaldas de la personalidad, vigilando la parte posterior.

Entre la gente que encuentre tras la cuerda de control, con antelación suficiente al paso de la personalidad, se habrán instalado los puestos de vigilancia que sean necesarios, cuya misión será detectar personas o paquetes sospechosos.

Para evitar que la cuerda de control sea desbordada por el público, es conveniente la colocación de puestos de seguridad a lo largo de la misma. También es interesante la colocación de vigilancia en azoteas y puestos elevados, cuyo personal está equipado con prismáticos.

Evacuaciones

Como se comentó en tema anterior una de las principales misiones de protección es la evacuación del VIP a lugar seguro ante una acción contra el mismo que entrañe peligro para su integridad física o su libertad.

El Equipo de Escoltas además de

ofrecer Protección con la antelación suficiente un lugar deseguridad a donde trasladar el VIP, y dentro del plan de protección tendrá que estar previsto para cada momento y lugar unas rutas de evacuación, para alejar al VIP de un edificio o lugar donde se produce el atentado, así como medios para realizar las mismas ylugares a donde se puede trasladar dicha personalidad para asegurar su integridad física(Área Segura)

Protocolo a residencias privadas

Casi todas las residencias privadas que el personaje visitará pertenecen a familiares cercanos, personal de gobierno o socios comerciales, cuya confiabilidad debe asumirse o está basada en la determinación del personaje.

Sobre los otros invitados es importante obtener información con suficiente anticipación a la visita, para preguntar, investigar y determinar su confiabilidad.

Los sirvientes de los lugares donde visite el personaje, deben ser objeto del mismo grado de investigación y control de seguridad.

La información sobre el edificio, el área o perímetro, debe mantenerse actualizada. Donde se detecte alguna irregularidad se debe colocar personal de seguridad.

Se puede conceptuar como un objetivo de posibles acciones.

1. Es el centro de actividad privada del VIP y su familia.

2. Punto de fácil localización y sus moradores constituyen un grupo vulnerable.

La mayoría de las actividades habituales se desarrollan partiendo de (domicilio, el (VIP sale y   entra, las actividades del resto de los moradores (familia) parte de ese mismo lugar (niños al colegio). La estabilidad que representa el hogar permite a los posibles agresores determinar los principales movimientos y actividades de los moradores, así como las características del edificio para una posible acción contra los moradores.

El sujeto agresor podrá evaluar:

Situación - Tipo de vivienda - Residentes y servicio doméstico Hábitos - Sistemas de seguridad del edificio.

Recomendaciones generales

- Mantenga al corriente un directorio de teléfonos de emergencia y asegúrese de que se encuentre al alcance a cualquier hora.
- No, de sus números de teléfono de casa u oficina indiscriminadamente.
- Ubique teléfonos públicos y de vecinos cercanos a su hogar y notifíquelos a sus familiares y sirvientes para su pronta localización en caso de emergencia.
- Reconozca que su teléfono puede estar posiblemente intervenido. Sea más discreto con sus llamadas

telefónicas cuando se discutan informaciones con respecto a viajes o transacciones económicas.

- Los miembros de la familia y su servidumbre deberán ser instruidos a no admitir extraños sin identificación apropiada.
- Tenga antecedentes de la servidumbre (nombre, domicilio, etc.)
- No discuta información confidencial, tales como planes de viajes o asuntos de negocios en presencia de sirvientes.
- Instruya a su familia y servidumbre respecto a sus responsabilidades de seguridad relacionada con la información de su casa y sus ocupantes, indicándoles se nieguen informar a extraños acerca de sus actividades.
- Indique a los ocupantes del inmueble no aceptar paquetes u otros objetos a menos que tenga la certeza de su procedencia.
- Observe las inmediaciones de su domicilio tratando de detectar cuadrillas de trabajadores de servicios públicos, que pudieran ser observadores de sus movimientos.
- Preste especial consideración a ser fotografiado o entrevistado en su hogar.
- Asegúrese que las puertas, ventanas y rejas exteriores estén cerradas antes de retirarse por la noche.
- Mantenga la puerta de la habitación de los niños abierta para que pueda escuchar cualquier ruido no común.
- Asegúrese que la habitación de los niños no se encuentre fácilmente accesible desde el exterior y así mismo que ellos no puedan escapar subrepticiamente.

- Nunca deje niños pequeños solos en casa o desatendidos y asegúrese de dejarlos a cargo de una persona responsable y de confianza.
- Inculque a los niños que mantengan las puertas y ventanas cerradas y que nunca permitan la entrada a personas desconocidas.
- Enseñe a los niños lo más pronto posible, cómo llamar a la policía si personas desconocidas o merodeadores andan rondando o intentan entrar a la casa.
- Mantenga la casa bien iluminada si es necesario dejar a los niños en casa.
- Evite indicaciones obvias de que no está en la casa. Las puertas del garaje abiertas y el periódico fuera de la casa son indicaciones de que usted no se encuentra en el domicilio y que sus hijos pueden estar dentro y desprotegidos.
- Indique al personal de servicio que no permita la entrada y no de información a desconocidos ni por teléfono.
- No haga públicas las finanzas o rutinas de la familia. Los delincuentes frecuentemente tienen a sus víctimas bajo vigilancia durante varios días antes de actuar, por lo tanto, pueden conocer los hábitos de los habitantes de la casa.
- Enseñe a sus hijos a no viajar o salir solos, que lo hagan en grupo de dos o más.
- Indíqueles caminar por las calles más transitadas y evitar las áreas aisladas y baldíos, donde sea posible hacerlo.
- Autorice únicamente áreas de diversión aprobadas, donde las actividades recreacionales sean supervisadas por adultos responsables y donde la protección de la policía esté inmediatamente disponible.

- Instruya a sus hijos para reportar a cualquier persona que lo esté molestando o acosando con la autoridad más cercana.
- Inscriba a sus hijos en una escuela que ofrezca seguridad para sus alumnos y de preferencia que cuente con transporte escolar.
- Cuando sea posible, recomendar a los maestros que antes de entregar a un niño a cualquier persona, excepto a sus padres durante los días de clases, deberán de llamar a sus familiares o tutores para que apruebe el hecho, independientemente de la urgencia.
- Cuando un padre de familia llama por teléfono solicitando que el niño salga de la escuela temprano, se debe confirmar la identidad de la persona que llama antes de permitir salir al niño. Si el padre está llamando desde la casa, la escuela debe verificar la petición regresando la llamada telefónica durante la cual el niño debe identificar la voz de su padre o tutor.
- En el caso de que la llamada no sea hecha de la casa del niño, la persona que haya contestado la llamada debe hacer preguntas íntimas acerca del niño. Estas preguntas pueden ser; la fecha de nacimiento, el curso y el grado en que esté estudiando, los nombres de sus amiguitos, si existe alguna duda no permitir la salida del niño.

Medidas de seguridad en la oficina

Gran parte del tiempo del VIP se desarrolla en la misma. Por necesidades de tipo comercial y de negocio, el acceso puede resultar fácil para los   agresores.

Los horarios de la misma permiten determinar la seguridad en el interior. El agresor determinará la vulnerabilidad de la oficina:

Situación y características.

Personal y horarios.

Actividad y medios de seguridad

- La oficina lugar donde pasamos la mayor parte de nuestra vida, testigo de nuestros negocios e inquietudes es así mismo un espacio donde el hábito de la seguridad deberá echar raíces.

- La inseguridad tema actual debe ser analizada desde la perspectiva de las oficinas y negocios, tratando de reducir los riesgos que por descuido, desconocimiento o apatía no visualizamos y nos impide preparar actitudes de prevención que permitan superar a la delincuencia.

- La seguridad parte del individuo y abarca su entorno inmediato y mediato, para lo cual se hacen estas breves recomendaciones que de aplicarse reducirán los riesgos relacionados con la seguridad personal dentro de la empresa.

- No se pare o coloque escritorios cerca de las ventanas.

- Evite viajes rutinarios a la oficina cuando no se encuentre nadie ahí.

- Este alerta de cualquier persona que ande husmeando cerca de la oficina.

- Salga y entre a diferentes horas y utilice rutas variadas, así como entradas al edificio si esto es posible.

- Establezca un arrea de control para paquetes, correspondencias y cajas, este cuarto deberá estar alejado del área de trabajo.

- Considere la medida de seguridad respecto a que las entradas publicas estén controladas a toda hora.
- Tenga antecedentes penales o expediente revisado o investigado de todos sus empleados.
- Su oficina y casa deberán tener un récord de padecimientos médicos que se puedan agravar en casos de emergencia. la información deberá incluir atención elemental, tipos de medicina, doctores, nombres y direcciones, tipo de sangre, alergias, etc.
- Establezca boletines informativos de instrucciones con respecto a una emergencia, evacuación, asalto, secuestros, etc.
- Asegúrese que sepan el nombre y dirección del ejecutivo inmediato superior o inferior.
- Establezca una área de recepción, de preferencia con personal femenino entrenado en funciones de vigilancia y control de accesos.
- Instale un sistema de monitoreo de C.C.T.V. en áreas restringidas
- Incorpore a sus medidas de seguridad un sistema de alarma con detectores de humo en archivos y almacenes, botones de pánico en áreas de manejo de valores o efectivo y detectores de intrusión en puertas, corredores y ventanas.
- Procure contar con personal de seguridad debidamente capacitado que brinde su apoyo en la observación de riesgos potenciales, control de accesos y vigilancia perimetral.
- Forme un equipo de manejo de crisis para hacer frente a situaciones de riesgo cuando este se presente, básicamente; asalto, robo interno,

fraude, secuestro, con sus respectivos planes de contingencia previamente definidos.

Comunicar el plan al jefe del grupo de escoltas.

Si por cualquier circunstancia no se tiene posibilidad de preparar este plan de evacuación con anticipación suficiente y no se dispone de tiempo, la obligación de hacerlo es del jefe de escolta. Se puede evacuar directamente al coche. Enviar delante un hombre de avanzada para que busque una habitación en el hotel (dejando en la misma un puesto de seguridad).

Caminando por la calle

Si al personaje le gusta caminar con regularidad, la selección de la ruta y hora se debe variar día a día, para que no se vuelva rutina.

Se debe prever personal de protección extra apara que acompañe al personaje y a su escolta. Estos deben asumir las posiciones de los flancos y retaguardia a una distancia de 5 a 8 metros de distancia. El personal extra debe ir delante del personaje a una distancia de 15 a 20 metros.

El grupo de protección debe caminar paralelamente al personaje por la acera del frente, para   chequear techos, ventanas de edificios.

Un vehículo de escolta debe estar siempre en la cercanía   mientras   el   personaje   se   encuentre caminando. El vehículo debe ser utilizado para realizar acciones de bloqueo o en el evento de un ataque sacar rápidamente al personaje. Este vehículo debe seguir al personaje a ½ cuadra, detrás. El personal de protección que va dentro del vehículo debe actuar como una fuerza protectora de reserva.

La posibilidad de los incidentes terrestres que ocurren varía de lugar a lugar, dependiendo al menos en parte a la estabilidad del gobierno local y el grado de frustración que sienten los grupos o individuos.

Mientras no haya absoluta protección contra la delincuencia y el terrorismo por parte de las autoridades, hay un número de medidas precautorias razonables que pueden proveer un grado de protección individual y pueden servir para disuadir psicológicamente a estos delincuentes.

Una persona caminando por la calle resulta muy vulnerable para un acto ilícito o un secuestro. para aquellos que gustan caminar, se sugiere lo siguiente:

- No caminar cerca de su casa u oficina. Si alguien está planeando asaltarlo o secuestrarle, estos son dos lugares en que con más probabilidad lo intentaran.

- No caminar a la misma hora ni por el mismo lugar cada día.

- Si la oficina se encuentra cerca de su casa, no caminar siempre esa distancia. Utilizar a veces el carro. ya sea caminando o en su vehículo, cambie la ruta, aunque la distancia solo sea de una o dos cuadra

- Evitar el caminar por lugares apartados o urbanizaciones alejadas. Si debe caminar, el lugar más seguro es una área bien poblada en el momento más concurrido por las actividades de la comunidad. Raro seria, en verdad, que un secuestrador tratara de capturar a su víctima en una calle concurrida.

- Procure salir siempre con un acompañante.

- Lleve la menor cantidad de dinero en efectivo que le sea posible, y procure llevar sus tarjetas de crédito solo si las va a utilizar.

- No sea ostentoso.

- Camine en sentido contrario al de los vehículos que van por la calle.

- Evite el circular por calles oscuras, o en las que se están realizando excavaciones, demoliciones o construcciones.

- Evite el trato con vendedores ambulantes o personas extrañas, sobre todo si están en grupos.

- Cruce las calles por los puntos peatonales o las áreas expresamente señaladas para ello.

- Evite aglomeraciones, manifestaciones públicas o disturbios.

- Evite verse inmiscuido en riñas y no caiga en provocaciones.

Si al personaje le gusta caminar con regularidad, la selección de la ruta y hora se debe variar día a día, para que no se vuelva rutina.

Se debe prever personal de protección extra apara que acompañe al personaje y a su escolta. Estos deben asumir las posiciones de los flancos y retaguardia a una distancia de 5 a 8 metros de distancia. El personal extra debe ir delante del personaje a una distancia de 15 a 20 metros.

El grupo de protección debe caminar paralelamente al personaje por la acera del frente, para chequear techos, ventanas de edificios.

Un vehículo de escolta debe estar siempre en la cercanía mientras el personaje se encuentre caminando. El vehículo debe ser utilizado para realizar acciones de bloqueo o en el evento de un ataque sacar rápidamente al personaje. Este vehículo debe seguir al personaje a ½ cuadra, detrás. El personal de protección que va dentro del vehículo debe actuar como una fuerza protectora de reserva.

Protocolo en restaurantes

Si el personaje va a comer a un restaurante, el lugar donde va a sentarse debe chequearse con anterioridad. La mesa del personaje debe estar cerca de la salida de emergencia y debe ser protegida por el personal de seguridad.

Se debe evitar la mesa ubicada en un lugar que requiera que el personaje atraviese todo el restaurante para poder sentarse.

Ubicar al personaje en un sitio, fuera de la vista del

público, puede ser un cuarto o un área separada, hablando con el dueño del restaurante.

Protocolo durante actividades deportivas

Si el personaje va a un acto deportivo debe sentarse en las partes altas en vez de hacerlo en las bajas.

Llegar al evento después de comenzado el mismo, para evitar el contacto con el público y salir antes y después que los otros espectadores.

Si está practicando algún deporte como el golf, tenis, el personal de protección debe desarrollar los círculos de protección alrededor del área donde lo practique.

El personal de protección debe inspeccionar estas áreas antes de que llegue el personaje. Este   grupo debe además tomar posiciones avanzadas en todo el campo deportivo y utilizar alguna prenda que los ayude a ser reconocidos. Ejemplo: gorras, camisas, sombreros.

Protocolo de en lugares públicos y privados

Los riesgos varían de acuerdo con la regularidad del

personaje los visite, el conocimiento que   tenga el público de estas visitas y el grado de exposición de su persona al público.

De acuerdo al sitio que visite, las medidas de seguridad física variarán, pero de todas maneras   se deben lograr el mismo nivel de protección para evitar un atentado.

Todos los lugares de este tipo deben ser inspeccionados por el grupo de seguridad con anterioridad a la visita.

Protección en los hoteles

Si va a un hotel, tiene que entrevistarse con el director y con el jefe de Seguridad si lo hay.

Una vez hecho este contacto entra en los detalles de la visita, este hombre de avanzada debe recorrer a pie el itinerario para observar los puntos negros del mismo y saber dónde se va a detener el coche del VIP.

Requisa

El VIP está expuesto al atentado por medio de un artefacto explosivo, que puede estar escondido o camuflado en cualquier mueble de una habitación o despacho. También hoy en día cualquier persona importante puede estar sometida al espionaje privado. Por todo ello el equipo de seguridad de un VIP se ve en la necesidad de inspeccionar afondo el contenido de una habitación de un hotel o un despacho.

Esta inspección llevada a cabo por personal de seguridad es lo que se llamada requisa.

Requisa de una habitación

El jefe de Equipo no requisa, dirige, y sabe el tiempo de que dispone y revisa la requisa.

Cada vez que uno termina se lo comunica al jefe de equipo.
Los hombres según van terminando no deben reunirse, deben estar separados unos de otros.
Se debe exigir una gran disciplina en este trabajo para que nadie interrumpa la labor de otro.

Qué buscar: Cables, restos de cal, yeso, cinta aislante, hilo de cobre, lugares donde esconder una microcámara, micrófono, pinchazo de teléfono, sitio para poner un artefactoexplosivo, que irá en relación con la imaginación del terrorista.

Planificar: Información del encargado, conserje, director o la persona más adecuada, de todo aquello relevante de una habitación, si ha habido pequeñas obras hace poco o reparado el teléfono, aire acondicionado, lámparas o han instalado algún aparato nuevo,si se han recibido paquetes, flores, cajas de bombones, etc.

Número de hombres y tiempo para la requisa.
Acción: El jefe de Equipo es el primero que entra en la habitación.

Mira y observa si todo tiene un aspecto normal, escucha los ruidos que se oyen en la habitación y los que provienen del exterior. El olor peculiar de algunos explosivos puede poner sobre aviso de la existencia de algún artefacto, y el olor a pintura fresca o yeso indica que se ha efectuado alguna obra.

Cuando el grupo llega, el hombre punta sigue al de avanzada que los conducirá al lugar indicado.

La avanzada tiene que establecer lo siguiente:

- Puesto de seguridad.

- Puesto de mando.

- Ruta o rutas de evacuación.

- Lugares de seguridad.

- Examen de la ruta, sitio y lugar que deben visitar.

- La función principal de la avanzada es asegurarse que se establece una ruta o rutas de evacuación.

Ejemplo sí el VIP acude a un hotel:

Se organizarán tres zonas (lugares donde puede tener lugar un atentado), y debe tenerseñalizados lugares de evacuación en cada una de ellas.

Si se produce en la primera zona, la evacuación será al

vehículo.

Si se produce en la segunda zona (hall) la evacuación será a la oficina del hotel.

Si se produce en la tercera zona (camino de la habitación o de/ restaurante), estarádeterminado el habitáculo de seguridad (habitación, oficina, etc.)

Protección en aeropuertos

La responsabilidad de la protección cuando la personalidad realiza un viaje en avión de la Fuerza Aérea debe compartirse con éstas, pues les corresponde tripular el aparato con personal seleccionado y su custodia en recintos militares o protegidos.

La entrada a estos recintos debe de estar permanentemente restringida mediante la instalación de puestosde revisión para el control de las personas que tengan acceso a estas instalaciones.

Asimismo, le corresponde al mantenimiento mecánico del avión, ayudar en las requisas que se efectúen previas a la llegada del VIP y realizar vuelos de prueba.

En el caso de que el VIP vaya a viajar en un avión comercial aumentarán las dificultades del equipo de seguridad.

En primer lugar, celebrará una entrevista con el

director de la compañía aérea a que pertenezca el aparato, en la que se tratarán, de forma reservada para evitar que sea del dominio público, los siguientes extremos.

- Facilidades para realizar la requisa del avión.

- Selección de los tripulantes.

- Solicitud de la lista de pasajeros para comprobar sus identidades.

- Tratar de la posibilidad de que en el avión donde se viaje el VIP no se transporte carga o que haya sido depositada por lo menos con 24 horas de antelación en los almacenes de la compañía, a fin de realizar su control para evitar la colocación de explosivos.

Mecánica del viaje en avión

Se desarrollará de acuerdo con las siguientes indicaciones:

- Se establecerá un servicio de vigilancia alrededor del avión seis horas antes de la llegada del VIP.

- Se alojará al VIP en los asientos de primera clase, ubicados en la parte delantera del aparato, debiendo evitarse en lo posible el contacto e incluso el conocimientode su estancia a bordo con respecto al resto de los pasajeros.

- Se instalará un puesto de revisión en la entrada de la cabina de primera clase para evitar la entrada de personas no autorizadas.

- El acceso del VIP al avión se efectuará por la parte delantera procurando que el resto de los pasajeros lo haga por la entrada trasera.

- Se requisarán cuidadosamente las maletas de los pasajeros por procedimientos manuales, electrónicos o de reconocimiento por ellos mismos.

- Por último, cuando el aparato realice alguna escala deberá estar previsto en este lugar un dispositivo de seguridad mientras permanezca en tierra.

Peligros del transporte en avión

➢ Colocación de explosivos.

➢ Sabotajes en el combustible o en otros materiales del aparato.

➢ Secuestro del avión.

Seguridad En Embarcaciones

En el caso de que la personalidad viaje en barco, debe mantenerse reservado, si ello es posible ni las características del buque ni el derrotero a seguir.

El servicio de protección debe conocer las condiciones de navegabilidad del barco, su estado de conservación, zona por dónde se va a realizar el viaje y sus características climatológicas.

Asimismo, se practicará una información sobre los tripulantes y pasajeros dada que, a diferencia del viaje en avión, el VIP tendrá forzosamente contacto con estas personas, porlo que el equipo de protección que integra el círculo interior realizará el servicio en las mismas condiciones que lo hace en tierra.

Problemas De Los Viajes En Barco

Se pueden presentar los siguientes:

- El hecho de que los barcos funcionen con gas-oíl como combustible eleva el riesgo de incendios por lo que será necesario comprobar la existencia y funcionamiento de equipos de emergencia.

- También es conveniente efectuar alguna practica de evacuación.

- Para evitar ataques de otra embarcación o submarinos, se procurará que la embarcación del VIP esté en constante movimiento no prolongando por mucho tiempo las paradas que efectúe.

- El peligro más frecuente consiste en la colocación de explosivos en la embarcación, por lo que se hace necesaria la práctica de requisas periódicas por medio de submarinistas y la custodia en lugares adecuados en caso de no ser utilizado.

COORDINACIÓN DE SERVICIOS

Hasta el momento hemos hablado de **Protección Móvil y Protección estática**, que, aunque todo ello es protección a una persona, debemos tener en cuenta de que los dos tipos de protección generalmente (decimos generalmente, ya que en ocasiones el mismo personal que realiza la escolta, también realiza la protección estática en determinados lugares), son realizados por distintas personas o servicios de seguridad.

Podríamos, según el nivel de protección que se le hubiese asignado al VIP, en base alriesgo de agresión sobre el mismo, determinar que hubiese un equipo de seguridad en el lugar de trabajo y otro en el domicilio, más el equipo de escolta que le daría protección en sus desplazamientos y en determinados lugares del trabajo o domicilio.

La coordinación entre estos equipos de protección tendrá que ser realizada por lo que podemos denominar sala de operaciones o un órgano que tenga conocimiento y este al tanto de las particularidades de estos servicios y que será el que reciba y analice para posteriormente canalizar la información que reciba de ellos.

No obstante, las relaciones que el jefe de Escoltas debe mantener con los jefes de equipode los demás servicios deben ser óptimas, estando en contacto con los mismos y existiendo entre ambos una información continua y recíproca, para en caso necesario y ante eventualidades imprevistas, con conocimiento del órgano central, modificar o variar los planes o previsiones que sobre el servicio de protección se tenían.

8

PROCEDIMIENTOS GENERALES DE LOS ESCOLTAS A PIE

USO DE FORMACIONES A PIE

1. SITUACIONES A PIE.

La protección a pie se utiliza en algún momento cuando el protegido está dentro o fuera de un edificio.

a. Caminatas casuales:

- Muchos personajes militares importantes quieren mantenerse en buen estado físico por medio de las maniatas. Esto puede hacerse dentro de los terrenos de la residencia del protegido casualmente Unidades Militares o el protegido puede optar por salir de su residencia.

- Si camina en los terrenos de la residencia, el protegido deberá estar acompañado de por lo menos un escolta. Los escoltas encargados de la seguridad alrededor de la residencia deberán ser alertados y deberán prestar especial atención.

- Si el protegido desea caminar fuera de los terrenos de su residencia, aumente la seguridad y si es necesario haga que los otros anillos se ajusten.

deportes:

- Los deportes que requieren más personal son los que se efectúan a campo abierto.

- Si es posible, cambie la sección de campos y horas. Sería ideal que el campo estuviese cerrado mientras el protegido juega.

- Se debe examinar el campo antes de que llegue el protegido.

- Si es posible, los otros jugadores en el campo deben mantenerse a distancia. Es importante tan bien tener listos vehículos de emergencia.

- Otras actividades atléticas requieren recursos específicos para cada actividad. En todos los casos, el lugar y las horas de las actividades deben variar para evitar que sean predecibles.

2. PLANEAMIENTO.

a. **El primer elemento a tener en cuenta es: "?** ¿Es esta caminata algo que solo va a ocurrir una vez o se repetirá día tras día?".

b. Cuando se repita, se debe cambiar de ruta de vez en vez. La ruta debe planearse cuidadosamente y revisarse a pie. Algunos de los puntos a tener en cuenta son:

  1) ¿Es la ruta práctica más corta?

    2) ¿Está el protegido expuesto durante un tiempo mínimo?

    3) ¿Hay otras rutas disponibles y son mejores en lo referente a la seguridad del protegido?

    4) ¿Cuáles son las áreas de peligro a lo largo de la ruta?

    5) ¿Como se cubrirán?

c. Selecciones varios puntos de escape y lugares seguros a lo largo de la ruta, a los cuales se podrá mover el protegido en caso de ataque o emergencia.

    1) Los integrantes de la escolta deberán conocer la ubicación de estos lugares.

    2) Los emplazamientos deben ser asegurados por la escolta de protección.

    3) Un vehículo puede ser un emplazamiento seguro adicional.

d. Seleccione varios puntos a lo largo de la ruta y planee exactamente qué acciones se llevarán a cabo en dichos puntos.

    1) ¿La escolta avanzará o retrocederá?

    2) ¿Se irá a un refugio temporal?

    3) ¿Cuáles serán las acciones de la escolta ante incidentes provenientes de diferentes direcciones?

e. Revise la ruta para ver si hay posibles peligros de accidentes: zanjas, baldosas flojas, aceras deterioradas, agujeros, techos, bajos, etc. Todo lo que pueda presentar un peligro para el protegido o causar un accidente deberá resolverse antes de la caminata.

f. Coordine la ruta y los planes con el personal Militar o de Policía acatando en el lugar, de manera que en caso de ocurrir un incidente, ellos estén al tanto de cuáles serán las acciones de la escolta.

g. Si el paseo está planeado de antemano y la caminata ha sido anunciada públicamente, planee barreras físicas para mantener alejado al público y estime si se requieren refuerzos.

3. TERMINOLOGIA Y FUNCIONES EN LAS RUTAS A PIE.

a. Es imperativo que cada escolta entienda la función de los diferentes papeles, ya que cuando el protegido se da vuelta, cada agente (excepto el jefe de la escolta) asumirá un nuevo papel.

b. Punta: El agente de punta precede a la formación y es responsable inmediato del frente y los costados. El agente de punta ajusta su velocidad según lo que indique el jefe de la escolta.

c. Flancos: Los flancos son responsables del área delantera inmediata y de los costados.

d. Jefe de la escolta: El jefe se coloca detrás del protegido.

 - La decisión de colocarse a la derecha o a la izquierda del protegido depende de sus requisitos y deseos personales.

 - Por ejemplo, si está a la derecha del protegido y es zurdo, esto pone al protegido directamente frente a la línea de fuego en caso de tener que sacar su arma.

 - El jefe de la escolta es responsable de guiar al protegido con la información y de llamar para obtener refuerzos si fuere necesario.

e. retaguardia: su posición es una de las más difíciles, ya que es responsable de vigilar la parte de atrás.

 1) La escolta no tiene que caminar hacia atrás, pero necesita mantenerse vigilante constantemente para detectar las actividades que tienen lugar detrás de la escolta.

2) Si se porta un arma automática, la posición donde se debe llevar.

3) El personal del protegido puede ser útil como pantalla, siempre que no interfieran con las tareas de protección.

f. Si una multitud comienza a empujar hacia el protegido, la escolta deberá posicionarse en una formación más estrecha, lo cual proveerá la mejor protección.

SEÑALES VERBALES ENTRE LOS ESCOLTAS

Los escoltas deben tener un sistema de comunicación verbal el cual alerte a aquellos que no estén directamente en el paso del atacante.

Estas señales verbales deben identificar la naturaleza de la amenaza, así como la dirección y deben ser lo más breves posibles, sin sacrificar la calidad.

Sin señales los escoltas no envueltos directamente en el bloqueo de la amenaza o contacto visual con la amenaza no estarán seguros de hacia donde tienen que mover a la persona protegida.

Un método efectivo de señales verbales, consiste simplemente en identificar el arma y su dirección y el ángulo en relación con la persona protegida. El sistema de reloj como medio de identificar el ángulo es recomendable, dada su simplicidad y claridad. Así la dirección hacia el frente, es siempre hacia las 12:00. Las 3:00 sería hacia el lado derecho. Las 9:00 sería al lado izquierdo y las 6:00 está exactamente detrás de él.

Ejemplo:

Hombre a las 3:00

Cámara a las 11:00

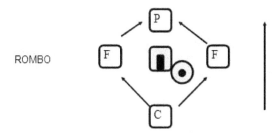

También se puede utilizar para los desplazamientos de los vehículos.

5.PROTECCION DURANTE LOS DESPLAZAMIENTOS A PIE

FORMACIONES A PIE.

a. En todas las formaciones, la distancia entre el personal y la cercanía de la formación con respecto al protegido dependerá de la situación y que darán a discreción del jefe de la escolta.

b. Los equipos deberán participar juntos, a fin de saber en todo momento que está haciendo cada escolta, y sabe también como cubrir el hueco que pueda crearse.

1) Los equipos deberán conocer a los miembros del personal de su protegido y al grupo de personas actual alrededor del protegido.

2) El jefe de la escolta tiene la responsabilidad primaria del protegido y esta con el mismo en todo momento.

c. El jefe de la escolta es responsable de las formaciones y ordena todos los cambios en la formación a medida que cambia la situación y se advierte la necesidad de hacer cambios.

d. Las formaciones se diseñan para situaciones específicas a fin de proveer la máxima protección En una residencia, la protección se debe organizar alrededor del área o habitación, pero dejándole libertad al protegido para moverse según sus deseos sin tener que llevar consigo la escolta completa.

e. Las formaciones deben ser flexibles para adaptarse a otras personas. Por ejemplo, dignatarios, cónyuges, personal, etc.

f. Las comunicaciones son extremadamente importantes.

  1) Cada escolta deberá tener un radio, micrófono y audífono (si están disponibles)

  2) Estos dispositivos no se deben llevar en las manos, a fin de tener libres las mismas.

  3) La escolta debe estar en contacto con los otros miembros, con el anillo intermedio y con el Puesto de Mando.

  4) La escolta deberá preparar señales con las manos y la voz.

h. los siguientes son tipos de formaciones (hay muchas variantes). Convenciones para los integrantes de una escolta)

Se utilizará la protección de doble círculo cuando el personaje este caminando. (siempre que le sea posible).

El círculo de protección exterior chequea a todo el personal que trate de lograr el acceso alrededor del personaje. El círculo interior brinda mayor chequeo y limita el acceso a aquellas personas las cuales deben consultar o servir al personaje.

Cuando no hay suficiente personal para proteger al personaje, se debe emplear un sistema de cubierta de protección temporal mediante círculos más reducidos, por cortos periodos de tiempo (3 minutos). Al final la cubierta se disuelve y se vuelve a tomar las posiciones normales.

Si el personaje va a entrar a un hotel deben tomarse consideraciones especiales para tratar de que entre en el ascensor desde el garaje en vez de hacerlo a través del lobby del mismo.

CIRCULOS IMAGINARIOS O TEORIA DE LOS 4 NIVELES DE PROTECCION

Trazados, tomando como centro a la persona protegida. Este sistema sirve para indicar las posiciones que deben ocupar las escoltas 1,2,3, o 4, etc.

El norte siempre será la dirección de la marcha.

Los círculos indican la proximidad o lejanía de los escoltas, los cuadrantes las posiciones de cada uno de ellos.

ZONAS VERTICALES DE OBSERVACION

La **Teoría 4 niveles de Protección**

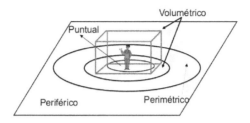

amenaza puede estar ubicada en cualquier lugar, de ahí la necesidad de asignar zona de vigilancia. Sin embargo, toda escolta debe acostumbrarse a conservar en todas direcciones, sin olvidar las partes elevadas y las partes de bajo nivel.

Zonas altas – Techos ventanas, terrazas, campanarios, árboles.

Zonas a nivel – Todo lo que está a la altura de la persona protegida.

Zonas bajas – Subterráneos, cauces de ríos, alcantarillas, sótanos.

ESQUEMAS DE PROTECCION DURANTE LOS MOVIMIENTOS

Las formaciones serán evaluadas con base en cuatro factores:

•**Cobertura**: La capacidad de la formación de observar el área a su alrededor.

•**Evacuación**: La capacidad de la formación de neutralizar, cubrir y evacuar.

SISTEMA DEL RELOJ

Es muy fácil comprender y de practicar y bastante efectivo para signar tareas de vigilancia. En el centro estará el personaje a proteger.

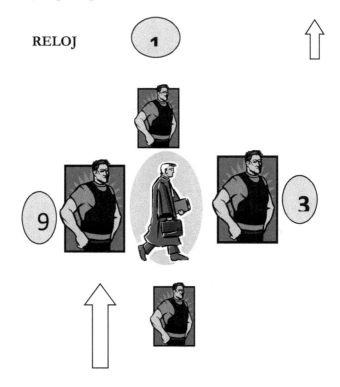

DESCRIPCION GENERAL DE LAS FORMACIONES

Existen muchas clases de formaciones para la protección

de personas, dependiendo del número de escoltas con que se cuente.

FORMACION DE UN HOMBRE DE SEGURIDAD

La cobertura es incompleta, en aglomeraciones es inefectivo tanto para multitudes amistosas como hostiles, y la cobertura y evaluación es mínima ya que su capacidad de cubrir, neutralizar y evacuar es demasiado limitada.

En este caso debe realizarse la formación sencilla, en la cual el escolta debe mantenerse a la espalda del personaje, un poco inclinado al lado de su mano fuerte (si el escolta es diestro, se debe ubicar hacia la derecha del **VIP**, si es zurdo, debe ubicarse hacia la izquierda del VIP; esto para prevenir que en caso de reaccionar con su arma, pueda poner en riesgo al VIP).

El escolta se traslada de un lado al otro del dignatario para mantenerse el dignatario y un peligro potencial, hace todo lo posible para proporcionar una cobertura de 360 grados, anticipando al peligro potencial.

1-FORMACION SENCILLA: Consta de la persona protegida y un escolta, que debe mantenerse a espaldas del personaje.

2-FORMACION DOBLE SENCILLA: Consta del personaje y de dos escoltas, que deben proteger el frente y la espalda del personaje.

FORMACION EN CUÑA

Cuando el personaje se dirige hacia donde se localiza un grupo de personas

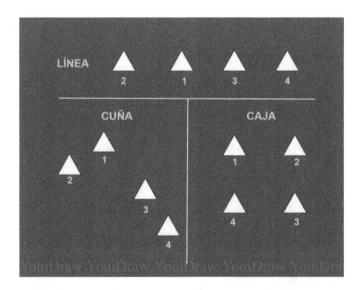

Cada hombre en el equipo debe estar consciente de la ubicación

de los tres integrantes del equipo en todo momento. Además, cada

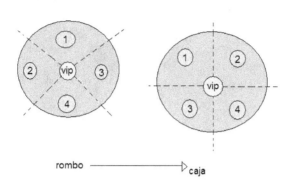

hombre debe ser capaz de reconocer alguna debilidad o falta de formación y poner esta información al conocimiento del jefe de seguridad para que se haga la corrección.

Cuando el personaje se dirige hacia donde se localiza un grupo de personas.

FORMACION EN DIAMENTE: Es muy difícil, útil y segura por todos los costados.

FORMACION DE CUÑA REFORZADA Se utiliza cuando la amenaza se halla al frente o cuando se va a ingresar a algún sitio. forman al poco tiempo un triángulo, pues necesariamente hay uno que corre más que los otros, otros pocos le siguen de cerca y la mayoría se va quedando atrás y ensanchando las filas últimas.Se utiliza cuando la amenaza se halla al frene o cuando se va ingresar a algún sitio

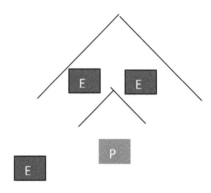

FORMACION EN V REFORZADA: Se utiliza cuando la persona se aleja de un sitio o cuando la amenaza esta atrás.

Se utiliza cuando la amenaza se halla al frene o cuando se va ingresar a algún sitio

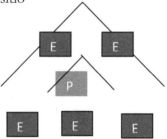

FORMACIONES LATERALES IZQUIERDA Y DERECHA.

Se utiliza cuando la persona protegida transite por una acera; La finalidad de cualquier formación, es la de lograr un cubrimiento en todas las direcciones, descubrir la amenaza en forma oportuna y disponer de una capacidad de reacción inmediata.

9

PROCEDIMIENTO EN VEHICULOS

Definición

Como la actividad de protección de personas se desarrolla en la calle, es imprescindible tratar el tema de los vehículos.

El vehículo de la persona protegida debe contar con lagunas características como:

✓ No ser notado

✓ Que no llame la atención

✓ Cómodo

✓ Potente

✓ Dotado con sistema de radio comunicación, y equipo especial de aire acondicionado.

Los personajes de alto riesgo deben tener vehículo blindado para aumentar su protección y este debe ir acompañado por otro u otros vehículos.

Los vehículos deben tener asignados unos excelentes conductores especializados en conducción defensiva y que conozca la operación de los equipos con que está dotado el vehículo.

La función del equipo de escolta no se reduce a los

desplazamientos solamente, sino que tiene que ver con la verificación de cualquier inicio de amenaza en el vecindario de la residencia o de la oficina de la persona protegida.

Los escoltas deben mantener en los desplazamientos una barrera permanente entre el vehículo de la persona protegida y el vehículo que trate de aproximarse o sobre pasarlo, por lo tanto deben poner en práctica algunas medidas defensivas en la ruta.

Pare efectos académicos y de comprensión llamaremos al vehículo de la persona protegida el vehículo "P" al de la escolta el vehículo "E" y a los vehículos dudosos "N" o los que puedan constituirse en amenaza.

EQUIPO DEL VEHICULO ESCOLTA

Armas - salvoconductos – municiones

Mapa de rutas, Libreta de notas, lapiceros, etc.

Directorio de teléfonos de emergencia: BR-3. Policía, Das.

Reloj, Radioteléfono, códigos y claves

Distintivos, papeles personales

Dinero para gastos imprevistos – monedas para llamar

Botiquín de primeros auxilios, Extintor

Herramientas.

FORMACIONES. Las formaciones tienen como fin garantizar la seguridad del protegido en los desplazamientos a pie, son las siguientes:

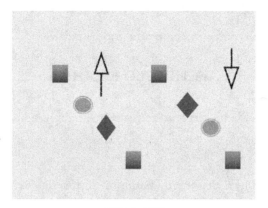

AVANCE

Todas las actividades, planes y arreglos de seguridad hechos antes o durante una conexión con el movimiento del dignatario en un área determinada.

ESCOLTA DE AVANCE

Es el responsable de realizar las descubiertas de un área donde el dignatario permanecerá, al igual que la ruta por la cual se desplazará el dignatario. Recolecta información para la protección del dignatario antes de la visita.

PUNTO DE CONTROL

Es un puesto de seguridad con la misión de controlar el acceso a un área específica.

PUESTO DE MANDO

Es un centro de mando y control a través del cual todas las actividades e información que tiene que ver con una operación de protección son coordinadas.

VEHÍCULO ESCOLTA

Este es el vehículo que transporta al equipo de protección (escoltas).

El vehículo va inmediatamente detrás del vehículo del dignatario.

ESCOLTA DE AVANZADA

Es el agente designado para llevar a cabo la inspección de seguridad de la ruta a ser transitada por el dignatario a pie o en vehículo.

SITIO SEGURO – ÁREA SEGURA

Cualquier lugar que ha sido inspeccionado, registrado y hecho libre de personas desautorizadas y manteniendo seguro hasta que el dignatario haya dejado el área.

EQUIPO DE REGISTRO

Los agentes designados para inspeccionar un área, habitación, vehículo, avión, etc., en busca de artefactos explosivos, trampas explosivas, etc., antes de la llegada del dignatario.

AGENTE DEL SITIO

Es el agente responsable por la inspección de seguridad y de las medidas de seguridad en un local (hotel, aeropuerto, restaurante) que va a ser visitado por el dignatario.

MEDIDAS DEFENSIVAS

El vehículo "P", debe ser blindado si la persona tiene perfil de alto riesgo, para incrementar la protección de manera considerable; sin embargo, el vehículo blindado no es una caja fuerte e indestructible, ya que ante una carga explosiva o ante el impacto de un lanza cohetes, todo se puede romper.

El blindaje de los vidrios no es **100%** efectiva, ya que ante el disparo de un fusil nada se puede hacer. Con la ráfaga de una ametralladora sobre un mismo punto, al noveno disparo aparece el foramen. Por lo tanto, el vehículo blindado debe ir acompañado por otro u otros vehículos.

Los conductores deben ser bien entrenados y estar capacitados para operar los equipos que han sido instalados en los vehículos o que está dotado el vehículo.

En el vehículo "P" debe viajar: la persona protegida, el conductor y una escolta.

En el vehículo "E" deben viajar: el conductor entrenado en conducción defensiva, los escoltas E1, E2 Y E3, siendo el E1 el jefe de escolta.

Para el equipo de escoltas, todo vehículo que transite adelante, detrás o a los costados del vehículo "P" debe ser considerado como un vehículo amenaza "A", por lo tanto se debe mantener un estado de alerta permanente, no solo en las calles y avenidas, sino los que se hallen en los parqueaderos y aquellos que despierten sospechas cuando estén estacionados más cerca de la residencia o a los alrededores de la oficina o sitio de trabajo.

AUTOMÓVIL DE SEGUIMIENTO

Cuando se ha comprobado que existe un seguimiento o que se encuentran siendo vigilados, la tarea principal del vehículo "E" es la de mantener a toda costa entre el vehículo "P" y el vehículo "A".

Sí "A" trata de sobrepasar "E" cubrirá a "P", manteniéndose siempre entre la amenaza y la persona protegida. Si "A" trata de pasar atrás "E" se colocará inmediatamente detrás de "P".

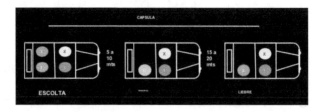

La idea general es mantener una barrera entre el vehículo "P" y el vehículo "A".

a-El posicionamiento es siempre el mismo, por lo cual las responsabilidades son también las mismas.

b-El subjefe de escolta va en el asiento frontal derecho.

c-Los demás escoltas se sientan en el asiento trasero con responsabilidades posiciónales especificas alrededor del vehículo del protegido.

Un vehículo de avanzada ofrece mayores alternativas de flexibilidad, permitiendo un aumento del número de escoltas o una disposición diferente en los asientos.

POSICIONES ALREDEDOR DEL VEHÍCULO DEL PROTEGIDO.

1-El hombre de punta siempre se colocará frente y a la derecha del vehículo del protegido y se sentará en la posición posterior derecha en el vehículo de seguimiento.

2-El flanco izquierdo se sentará atrás a la izquierda del vehículo de seguimiento, y se colocará en la parte frontal izquierda del vehículo del protegido.

3-El hombre de retaguardia se posicionará atrás a la izquierda en el vehículo, y se sentará en la posición posterior del medio en el vehículo de seguimiento.

Si el cónyuge del protegido u otro PMI va en el vehículo del protegido, el hombre de retaguardia puede suplementarse con el jefe de la escolta.

4-El subjefe de la escolta se colocará detrás a la derecha del vehículo del protegido, y se sentará en el asiento frontal derecho (asiento caliente) del vehículo de seguimiento.

BAJAR DEL VEHÍCULO DE SEGUIMIENTO HACIA EL VEHÍCULO DEL PROTEGIDO

Algunas consideraciones.

a-El jefe de escolta toma la determinación de cómo y cuándo bajar del vehículo.

b-Factores que afectan dicha determinación:

¿El automóvil del protegido es blindado?

¿Cuál es el nivel de seguridad ambiental?

¿Cuál es la inteligencia provista por la avanzada?

c-El subjefe de la escolta da órdenes o señales a la escolta que va en automóvil de seguimiento.

d-Antes de aminorar la velocidad o de detenerse para descender, se deberán haber bajado todas las ventanas del automóvil de seguimiento, excepto la del conductor.

PROTECCION DE LOS CARRILES

Cuando el vehículo del personaje va a entrar o a salir del tráfico vehicular, el vehículo escolta actuará bloqueando el tránsito de los otros vehículos, para permitir eta maniobra sin contra tiempos.

Al estacionar debe tener la precaución de dejar un espacio suficiente para cualquier maniobra posterior y utilizar convenientemente las luces direccionales.

Al efectuar un viraje o cambio de dirección el vehículo escolta cubrirá siempre la parte posterior externa del vehículo del personaje.

EGRESO ESTACIONARIO.

1-Antes de que se detenga el vehículo del protegido, el jefe de turno da la orden o señal de preparase.

2-Al detenerse el coche del protegido, el jefe de escolta da la orden o señal de salir.

3-Los primeros dos escoltas (punta y flanco izquierdo) bajan, cierran sus puertas y chocan con los dos primeros escoltas a izquierda y derecha frente al automóvil del protegido.

4-Los dos hombres restantes subjefe y retaguardia bajan, cierran sus puertas y chocan con los dos primeros escoltas a izquierda y derecha frente al automóvil del protegido.

5-Cuando cada efectivo ha alcanzado su posición, debe estar de cara hacia el exterior o la multitud y vigila su área de responsabilidad.

FRENTE AL SEMAFORO O SEÑAL DE PARE

Al llegar a un semáforo en rojo, el vehículo "P" deberá ubicarse a conveniente distancia e la señal con el fin de mantener cierta libertad de acción. El vehículo "E" deberá proteger los carriles o colocarse detrás de "P" a una distancia que le permita maniobrar o salir el carril, pues en caso de que un vehículo "A" se haya situado a la izquierda de "P" y si llegara a percibir una amenaza cierta, "E" tendrá la oportunidad de mover o golpear a "A" para eliminar la amenaza.

ATAQUES DE EMERGENCIA

Comunicaciones: todo el personal de la escolta deberá hablar el mismo lenguaje, es decir, usar los mismos términos técnicos.

Se debe preparar una serie de palabras en clave para el oficial protegido, su familia, su residencia, su lugar de trabajo, y además una serie de claves para los propios movimientos de la escolta.

Las palabras claves que están directamente relacionadas con el oficial protegido se deben cambiar con regularidad.

Si hay un intento de ataque contra el protegido, existen cuatro consideraciones básicas que guían las acciones del escolta:

1.Voz de alerta: todos y cada uno de los miembros de la escolta son responsables de iniciar una acción de emergencia cuando exista un peligro en su área:

a. Cada hombre también es responsable y alertar al resto de la escolta acerca del tipo de peligro y de qué dirección proviene (por ejemplo, si ocurriese un ataque con un arma de fuego).

cuando un escolta da la voz de alarma, debe hacerlo en voz fuerte y clara, a fin de asegurar que todos los miembros escuchen y reaccionen inmediatamente.

2.Neutralización: Si el peligro se encuentra entre la escolta y el segundo anillo, el miembro de la escolta más cercana al peligro debe ser quien neutralice hasta que el adicional de protección pueda relevarlo:

Posteriormente el miembro de la escolta deberá tratar de reunirse con el anillo anterior, de ser posible.

Protección

Arma de fuego

- sí un atacante tiene un arma de fuego, dicha arma debe controlarse a toda costa.
- Si un arma de fuego está a nivel del pecho o más arriba, el escolta deberá controlar el arma y mover el brazo del atacante hacia arriba y hacia atrás.
- Si el arma está por debajo del nivel del pecho, se debe controlar dicha arma y el brazo del atacante se debe mover hacia abajo y hacia atrás.

Cuchillo

a) Si el atacante esgrime un cuchillo, el propio atacante deberá ser controlado a toda costa.

b) Si el cuchillo viene de una posición alta o baja, el escolta deberá usar la "V" de sus manos para desbaratar el ataque.

c) Si el cuchillo viene en linera recta, el escolta deberá mover el brazo del atacante hacia el costado.

3.Cobertura: tan pronto como se detecte el peligro, es imperativo que la escolta cubra el protegido.

I. Los miembros de la escolta deberán estrecharse alrededor del protegido, y el líder de la escolta deberá mantener el control del protegido y de la posible evacuación.

II. Es potestad del jefe de la escolta decidir en qué momento y en qué dirección se ha de evacuar al protegido.

4.Evacuación: el protegido deberá ser evacuado inmediatamente si hay un intento de ataque.

(a) La escolta nunca puede estar segura de si el atacante está actuando solo o si hay otras personas involucradas que puedan hacer otros intentos.

(b) El protegido deberá ser trasladado lo antes posible a un área segura predeterminada.

(c) Si no es posible moverlo al área predeterminada, es

imperativo que el protegido esté cubierto y que sea trasladado cuanto antes a un área lo más segura posible.

La escolta deberá tomar un ángulo desde el origen del peligro y alejar todo lo posible al protegido.

Es importante recordar que el líder de las escolta tiene el control de la evacuación.

EL DESEMBARQUE DE LOS ESCOLTAS

La llegar la persona a su destino o durante cualquier parada, los escoltas se bajas y forman un círculo alrededor antes de que este descienda del vehículo sin llamar la atención de los ocasionales transeúntes.

MOVIMIENTO DESDE EL AUTOMÓVIL DEL PROTEGIDO A LA FORMACIÓN A PIE

1-Cuando el jefe de la escolta ve que el resto de la escolta está posicionada, sale del vehículo, efectúa una inspección visual secundaria para evaluar el ambiente de seguridad y después abre la puerta del protegido.

La puerta permanece abierta hasta que el protegido esté cerca de otra forma de seguridad.

a-Una vez que el protegido ha salido, el jefe de la escolta asume su posición a la derecha o izquierda del protegido.

b-Al salir el protegido, el hombre de punta se mueve a la punta, el flanco izquierdo viene del lado opuesto del automóvil del protegido para asumir el flanco izquierdo, el hombre de retaguardia se mueve del lado posterior opuesto para asumir la retaguardia y el jefe de la escolta toma el flanco derecho.

c-El movimiento debe ser coordinado y simultaneo para

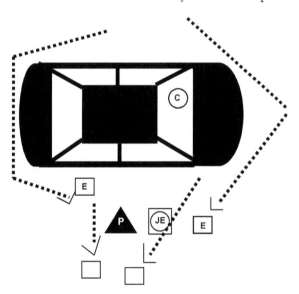

mantener la integridad del anillo interior.

a. Movimiento de la formación a pie a las posiciones alrededor del automóvil del protegido.
b. Al retornar al vehículo, el hombre de punta abre la puerta del protegido y después se mueve a la

parte frontal derecha del automóvil del protegido.

c. El flanco derecho se mueve hacia el frente a la izquierda.

d. El flanco izquierdo (jefe de la escolta) asume la posición posterior derecha cuando el protegido está ingresando al vehículo.

e. El jefe de la escolta cierra la puerta del protegido y después ingresa al vehículo, sentándose en el asiento frontal derecho asiento caliente.

b.movimiento desde el automóvil del protegido al vehículo de seguimiento (subida).

1. Al recibir la orden o señal del jefe de la escolta o subjefe de turno.

a) El flanco trasero (jefe de la escolta) y la retaguardia caminan siguiendo al vehículo, manteniendo el control visual de su área de responsabilidad, suben al vehículo y cierran las puertas.

b) La retaguardia se mueve a la posición posterior del medio.

1. Al recibir la señal del subjefe, el hombre de punta y flanco izquierdo se mueven hacia el automóvil de seguimiento e ingresan al mismo.

2. El automóvil del protegido comienza a moverse una vez que el protegido se ha abrochado el cinturón de seguridad y que el jefe de la escolta está sentado.

   a. Consideraciones importantes.

La coordinación entre los conductores es esencial.

Para evitar accidentes, se deben evitar los arranques y paradas rápidos.

El conductor del automóvil de seguimiento deberá asegurar que nunca esté a más de un vehículo de distancia del protegido.

En una situación de emergencia, es más importante que el automóvil de seguimiento se mantenga junto con el vehículo del protegido en lugar de esperar a recoger a los miembros de la escolta que todavía no hayan ascendido.

TERMINOLOGIA

ACTITUD

Es una manifestación externa de la disposición o estado de ánimo.

ACONDICIONAMIENTO FÍSICO

Es un trabajo físico gradual encaminado a la consecución de una eficiencia física, representado en un estado satisfactorio de desarrollo de las capacidades y las habilidades motrices del individuo, en correspondencia con su sexo, edad, talla y peso.

AGENTE DEL SITIO

Es el agente responsable por la inspección de seguridad y de las medidas de seguridad en un local (hotel, aeropuerto, restaurante) que va a ser visitado por el dignatario.

AGRESOR

Se trata de un adjetivo que alude a quien realiza una agresión: un ataque, ya sea físico o simbólico.

AMENAZA

Riesgo enfocado a una vulnerabilidad. Es la insinuación o información de que se va a hacer un daño

Suscitar pánico o miedo, por medio de escritos, llamadas telefónicos u otros medios.

ASESINATOS

El que mata a otro (Homicidio), y que su finalidad sea el de atemorizar una porción de la población civil o autoridades, se enmarca dentro del terrorismo.

ASALTOS ARMADOS

Técnica empleada por delincuentes o terrorista, dirigido a instalación u objetivos puntuales, con violencia sobre las personas o las cosas, colocando a las víctimas en inferior de condiciones, mediante penetración o permanencia arbitraria, engañosa o clandestina y cuyo objetivo sea el buscar un provecho ilícito para si o para otros.

ASIMILACIÓN

Es un proceso por el que dos o más personas o grupos aceptan y realizan las pautas de comportamiento del círculo social al que ingresan.

ÁREA SEGURA

Cualquier lugar que ha sido inspeccionado, registrado y hecho libre de personas desautorizadas y manteniendo seguro hasta que el dignatario haya dejado el área.

ÁREAS RESTRINGIDAS.

El acceso está limitado al personal asignado a ellas. En caso de visitantes, después de cumplir con los protocolos de autorización, deben ser escoltados por el responsable del área.

ASALTOS ARMADOS

Técnica empleada por delincuentes o terrorista, dirigido a instalación u objetivos puntuales, con violencia sobre las personas o las cosas, colocando a las víctimas en inferior de condiciones, mediante penetración o permanencia arbitraria, engañosa o clandestina y cuyo objetivo sea el buscar un provecho ilícito para si o para otros.

ATAQUE

Fundamentado en la vulnerabilidad.

AUTORIDAD

Facultad de lograr obediencia. Es otorgada.

AVANCE

Todas las actividades, planes y arreglos de seguridad hechos antes o durante una conexión con el movimiento del dignatario en un área determinada.

AVANZADAS

Las avanzadas tienen un propósito principal, disponer de

la seguridad previa a la llegada a algún lugar. Una de las funciones primordiales de los hombres de avanzadas es el planeamiento de rutas, apostar o colocar agentes en uno o más lugares con el fin de tomar medidas en materia de seguridad, asignándose puesto con horas de anticipación, estos agentes deben realizar una inspección previa con el fin de preparar un plan de reacción en caso de emergencia.

BARRERAS

Casas, la fachada (Entrada o frente), paredes que limitan con los vecinos, patios. Edificio, la fachada (Entrada o frente), paredes que limitan con los vecinos. Conjuntos de Casas - Torres de Edificios y Empresas, se describen los tipos de barreras e iluminación, para lo cual existen diferentes diseños, así:

BLINDAJES

Es proteger contra material balístico.

CALIDAD

Este factor se refiere a las relaciones laborales, valores éticos, consideraciones legales, principios básicos de conducta, imagen de la compañía, etc.

CAPACIDADES FÍSICAS

Las capacidades son condiciones biológicas particulares

de cada individuo, necesarias para obtener un determinado rendimiento en la práctica de actividades motrices-físico-deportivas, por lo que representan un elemento significativo de la capacidad de rendimiento.

CAPACIDADES CONDICIONALES.

Las cualidades condicionales están determinadas por factores energéticos, son los encargados de obtener y transmitir energía tales como O2, glucógeno y ATP.

CAPACIDADES COORDINATIVAS.

Las cualidades coordinativas son cualidades sensomotrices que se aplican conscientemente en la dirección de movimientos componentes de una acción motriz, con finalidad determinada. Estas cualidades se caracterizan por el proceso de regulación y dirección de los movimientos.

CARAVANAS

Se determina como un Grupo de personas; que se juntan para Desplazarse en una misma dirección, ya sea a pie o en algún vehículo, a través de zonas en algún Caso con Cierta peligrosidad, donde convergen ciertos cuidados; para prevenir ser Atacados.

CASUISTICA

Casuística en ética aplicada refiere al razonamiento basado en casos. La casuística es utilizar la razón para resolver problemas morales aplicando reglas teóricas a instancias específicas.

COBERTURA

Corporal del protegido en caso de ataque, correspondiendo al jefe de Cápsula, el disminuir la superficie del blanco asiendo e inclinando al protegido.

CODIGO DE COMUNICACIÓN

Consiste en una relación de palabras, letras y números- o la combinación de ellas- que describen actividades presentes o futuras en lenguaje no romance, a fin de evitar que la delincuencia pueda acceder a la información.

CONFLICTO

Es la forma de interacción por la que dos o más personas tratan de excluirse mutuamente, bien sea aniquilado una parte al tras o bien reduciéndola a la reacción.

CONTROL

Se puede asumir como un sinónimo de supervisión, o sea, saber cómo lo estoy haciendo.

CONTROL DEL PANICO

El pánico es un miedo súbito, irracional e histérico que se

propaga rápidamente. El pánico es producido por el miedo, a pesar de que quienes lo padecen no sepan por qué tienen miedo. La gente trata de reunirse y correr en una sola dirección que desconoce.

COMPARTIMENTAR

Definido como "Dividir algo en elementos menores" (Diccionario de la real lengua española).

CULTURA DE LA SEGURIDAD

Nace realmente de la existencia de los riesgos y se desarrolla con base en una política de la empresa, que permite iniciar cimentar inculcar, comprometer, concientizar a todos en el proceso de seguridad

DAÑO

Variación real o supuesta que experimenta un bien en virtud de la cual sufre una devaluación o precio del que era objeto. Es un peligro perfeccionado.

DEFENSA PERSONAL

La defensa personal es el empleo de la fuerza física para contrarrestar una amenaza inmediata de la violencia. Tal virtud puede ser desarrollada con la armada o desarmada. En cualquier caso, las posibilidades de éxito en la defensa dependen de un gran número de parámetros, relacionados con la gravedad de la amenaza, pero también en la preparación mental y física del defensor.

DELITO

El término delito proviene del vocablo latino delinquiere, traducible como "abandonar el camino", ya que un delito de algo que se aparta del sendero contemplado por la Ley para la convivencia pacífica entre los ciudadanos que se acogen a ella. En esa medida, qué cosa es y qué cosa no es un delito se establece en los códigos apropiados del ordenamiento jurídico de cada nación.

DELINCUENTE

En un concepto general, delincuente es la persona que ha cometido un delito.

DEPARTAMENTO DE SEGURIDAD

El Departamento de Seguridad, es el órgano o estamento de las empresas privadas o públicas, encargado de la protección y seguridad de las personas, patrimonio y negocios de la empresa o grupo empresarial para el cual se ha creado, mediante la utilización de recursos privados.

DESCRIPCION DE PERSONAS

Descripción es la técnica de informar con toda veracidad las observaciones personales o a las experiencias sensoriales referidas por otra persona.

EMBOSCADAS

Técnica empleada por terroristas, mediante sorpresa o engaño, empleando armas.

EMPRESA

Es un conjunto de recursos (humanos, financieros, tecnológicos y materiales) que van en busca del logro de objetivos comunes.

ESCOLTA

Aquel que ha realizado algún curso de especialización en la protección, y además posee suficiente y ponderada experiencia en la responsabilidad y ejecución de servicios de protección de personas.

El llamado "escudo humano" ya que debe proteger con su integridad física la de su protegido.

ESCOLTA DE AVANCE

Es el responsable de realizar las descubiertas de un área donde el dignatario permanecerá, al igual que la ruta por la cual se desplazará el dignatario. Recolecta información para la protección del dignatario antes de la visita.

ESCOLTA DE AVANZADA

Es el agente designado para llevar a cabo la inspección de seguridad de la ruta a ser transitada por el dignatario a pie o en vehículo.

ESTRUCTURA DE LAS ORGANIZACIONES TERRORISTAS (O.T.)

Desde una perspectiva general es posible sostener que el terrorismo es un método cuyo objetivo es sembrar el terror para establecer un contexto de intimidación, generar pánico, producir histeria y miedo

ESQUEMA DE SEGURIDAD

Es el dispositivo adoptado por los hombres y recursos de seguridad, en un lugar o ruta específicos, a fin de mantener capacidad de maniobra para neutralizar o repeler cualquier acción que pueda atentar contra la seguridad de los directivos.

ESTUDIO DE SEGURIDAD PERSONAL

Tipo de análisis orientados a conocer en profundidad la información personal y relevante de las personas, esto quiere decir, determinar si el candidato a una oportunidad laboral es quien afirma ser, verificar su historia, comportamiento social, antecedentes disciplinarios y entidades con las cuales tiene cercanía, con el ánimo de establecer pautas de seguridad adecuadas según una necesidad previamente establecida.

EQUIPO DE ESCOLTAS

Es el conjunto de personas entrenadas y equipadas, dirigidas por un líder o jefe de avanzada, los cuales se seleccionarán para brindar protección según sea necesario.

EQUIPO DE REGISTRO

Los agentes designados para inspeccionar un área, habitación, vehículo, avión, etc., en busca de artefactos explosivos, trampas explosivas, etc., antes de la llegada del dignatario.

EQUIPO DE ESCOLTAS

Algunos personajes importantes, como los altos funcionarios del estado, pueden darse el lujo de desplazarse acompañados de un verdadero ejército de escoltas, los cuales cubren prácticamente todos los problemas de seguridad que se puedan presentar.

EQUIPO DE PROTECCIÓN

Constituye el primer círculo de protección o circulo interior, integrado por la escolta o equipo de protección personal que actúa en las inmediaciones del protegido y constituye la última barrera de seguridad de la VIP.

ESCALAFÓN DE MANDO

Debe haber un jefe de escoltas y de acuerdo a las formaciones aumenta la cantidad de hombres los cuales tendrán funciones específicas y una posición dentro de las mismas.

EVALUACIÓN DE RIESGOS

Es el proceso por el cual realizamos la valoración de los factores de riesgo.

EXTORSIÓN

Obligar a una persona a hacer algo en contra de su voluntad, ejerciendo presión por medio de la violencia o la intimidación.

GESTIÓN CORPORATIVA DEL RIESGO

Un riesgo es gestionable si puede haber pérdidas, si hay incertidumbre y si se puede elegir cómo actuar.

INCERTIDUMBRE

Desconocimiento de las proporciones de la amenaza.

INSEGURIDAD

Estado normal en que se encuentran los bienes.

INSPECCIONES DE RIESGO

Todos los medios anteriores deben completarse con inspecciones periódicas de acuerdo a la peligrosidad y auditorías. Todo ello nos da la información de las condiciones en que se pueden producir los riesgos.

INTRUSIÓN

Ingreso no autorizado a una instalación. En los estudios de
seguridad a instalaciones se evalúa la intrusión por escalamiento, por descenso, por excavación o al mismo nivel.

IMPACTO

Esta característica se refiere a la medida en que otras áreas o actividades se ven afectadas.

INFILTRACION

 Cuando alguien de la organización de delincuentes entra a laborar en el objetivo, personal temporal, reemplazos, contratistas o subcontratistas.

LA OBSERVACION

La observación se puede definir como la atención que se presta a ciertas cosas o el estudio notable sobre una cosa.

LIDERAZGO

Cualquier acto de influencia sobre las personas con el fin de lograr que objetivos importantes para la empresa, se hagan dentro de la mejor eficiencia, economía y bienestar.

LIDER DE GRUPO

Escolta integrante del equipo, que, por razones de su capacitación y liderazgo, tiene atribuciones para organizar y tomar decisiones de carácter puntual en el teatro de operaciones, de acuerdo a directrices del jefe de seguridad.

MANEJO DEFENSIVO Y EVASIVO

Consiste en conducir estando atento a los errores de los otros conductores para poder anticiparse y tomar decisiones que eviten algún incidente. Es de suma importancia para el desempeño de las funciones de quien en su ámbito laboral atiende funciones de seguridad, pero en la misma importancia es para cualquier persona que maneje un vehículo y dese poder adquirir las habilidades y conocimiento necesario para solucionar, anticipar y responder ante cualquier situación de riesgo que se les pueda presentar

METODOS CUANTITATIVOS DE EVALUACION

Son abundantes y seguirán apareciendo más, ya que cada

Analista de Riesgos los puede crear acorde con su necesidad.

MODUS OPERANDI

Modus: Modo   Operandi: Operar

Es el modo en que opera la delincuencia, otra definición es:

Son las técnicas y formas que la delincuencia emplea para realiza los ilícitos.

MOTIVACION

El ofrecer productos y servicios a bajo precio, con excelente calidad, de buena marca, con la posibilidad de ganar algún premio, etc. hacen posible lograr la preferencia por parte de nuestros clientes externos y en el caso de los clientes internos, tenemos: buenos sueldos, considerables beneficios, oportunidades de ascensos, por nombrar algunos.

MOVIMIENTOS DE DISTRACCION

Desplazamientos sin el directivo, que realiza la escolta adoptando el Dispositivo de seguridad con el objeto de enviar mensajes falsos a potenciales observadores de la delincuencia Deben realizarse dos o tres veces por semana (de acuerdo a disponibilidad), con el objeto de confundir la probable Inteligencia de la delincuencia hacia nuestra empresa y sus directivos.

NEUTRALIZACIÓN

Del atacante, no es la misión esencial de la cápsula, pero si uno de los protectores percibe con antelación, debe tratar de abortarlo mientras el resto de la cápsulaejecuta las misiones básicas de cobertura y evacuación. En caso de ser algún miembro del segundo Circulo de Protección el que detectase el ataque será éste el que realice la neutralización, ocupándose los miembros del equipo de Escoltas de dar cobertura y evacuar.

ORIGENES DEL DELITO

Hablar de las técnicas que la delincuencia emplea es un tema bastante amplio, por ello conoceremos el origen de los delitos, que va paralelo al origen de las amenazas, las ventajas y desventajas de los diferentes orígenes, siendo lo más importante la conciencia y procedimientos que debe tener el **ESCOLTA**.

OBSTRUCCIÓN

Es un proceso social en el que cada una de las personas o grupos contrarios tratan de impedir que la otra logre sus objetivos, sea que ella misma desee obtenerlo o no.

ORGANIZACIÓN

Es la distribución adecuada del personal y los medios, para alcanzar un objetivo o la misión encomendada.

PLAN DE SEGURIDAD PERSONAL

El secuestro, el sicariato y la extorsión son unas de las grandes amenazas que pesan sobre los colombianos, sin importar su posición laboral ni social. Cualquier persona puede ser víctima de alguna de las modalidades dentro de las que se desarrollan esta clase delitos, con lo cual se vería afectada su vida, su integridad personal, o su patrimonio y USTED.

PLANIFICACION

Para que una empresa logre sus objetivos finales, lo primero es orientarse hacia ellos. En otras palabras, el jefe debe delimitar cuáles serán las vías de acción: qué recursos se utilizarán, en qué cantidad, en qué tiempo se irán cumpliendo las actividades, es decir, todo lo que implica qué hacer.

PLANEAMIENTO

Si la decisión tomada es continuar con la acción, viene el planeamiento, que comprende determinar qué es lo que van hacer, como lo van hacer, quienes van a participar, que medios van a utilizar, como lo van hacer, lugares de reunión, escondites, sitios alternos, claves, rutas de escape, hora y fecha de la acción.

PELIGRO

Posibilidad latente de causar daño.

PENETRACION

Esta técnica requiere de un mayor trabajo y no siempre es segura para la organización de delincuentes, es hacer cambiar de mentalidad, principios morales y éticos a una persona que este laborando dentro del objetivo mediante engaños y artimañas, de no lograrse conocen las debilidades de esa persona e inician a presionar para que colabore y suministre información.

PERSONAL DE SEGURIDAD

Dentro de los riesgos más relevantes de las organizaciones se encuentra el capital humano que apoya los procesos de seguridad ya que son ellos los llamados a conocer información confidencial de la organización, dentro del personal de seguridad los cargos de vigilantes y escoltas.

PREVENCIÓN

Conjunto de actuaciones tendentes a evitar la posible manifestaciónde un suceso que pueda producir daños personales o materiales.

PRIMEROS AUXILIOS

Los primeros auxilios son los ciudadanos inmediatos

y temporalmente que se le proporcionan a la víctima de un accidente o de una enfermedad, en tanto se obtienen los servicios médicos profesionales. El objetivo principal es salvar la vida.

PROCEDIMIENTO DE ESCOLTAS

Son los procedimientos de seguridad que realiza Un grupo profesional de personas preparadas especialmente como escoltas y constantemente para cuidar, defender la integridad y la vida de su protegido reaccionando veloz y eficazmente con todo el poder y elementos disponibles, para prevenir o repeler cualquier ataque o agresión y evacuar al personaje a sitio seguro.

PROCEDIMIENTO EN VEHICULOS

Como la actividad de protección de personas se desarrolla en la calle, es imprescindible tratar el tema de los vehículos.

PROTECCIÓN

Conjunto de normas medios y acciones cuyo fin es conseguir la seguridad.

PROTECCIÓN A PERSONAS

La protección personal, se resume en el conjunto de medios, medidas y normas, que con las actuaciones personales tienen como fin garantizar la integridad físicay libertad de una persona.

PROTECCIÓN MOVIL

Dispositivo de seguridad organizado para custodiar a una personalidad en sus desplazamientos, o en el traslado de un objeto.

PROTECCIÓN ESTÁTICA

Dispositivo de seguridad organizado para custodiar un lugar fijo

PROTECCIÓN FÍSICA A PERSONAS.

La protección personal, se resume en el conjunto de medios, medidas y normas, que con las actuaciones personales tienen como fin garantizar la integridad físicay libertad de una persona.

PUNTO DE CONTROL

Es un puesto de seguridad con la misión de controlar el acceso a un área específica.

PUESTO DE MANDO

Es un centro de mando y control a través del cual todas las actividades e información que tiene que ver con una operación de protección son coordinadas.

PROTEGIDO

Personas que, expuestas a ser víctimas de actos delictivos, como políticos, empresarios, personas famosas entre otros,

PROTECCIÓN A PERSONAS

La protección personal, se resume en el conjunto de medios, medidas y normas, que con las actuaciones personales tienen como fin garantizar la integridad físicay libertad de una persona.

PROTECCIÓN DINÁMICA SOBRE VEHÍCULOS

Las técnicas de protección dinámica en vehículo, tienen la función de reducir al máximo las situaciones de riesgo hacia el VIP, durante los traslados. El número de vehículos suelevariar dependiendo del nivel de protección y oscila desde uno a cinco vehículos, incluidos el de la personalidad. La Protección más habitual suele ser la de dos o tres vehículos.

RELACIONES HUMANAS

Es la interacción de ideas, pensamientos, afectos, valores, normas entre 2 o más personas.

RECONOCIMIENTO

Desplazamiento previo (24 horas antes), que realiza el personal de seguridad a lugares que aproximadamente visitara el PMI y del cual no se tiene información .El objetivo es el de obtener información directamente en el terreno, sobre topografía, vías de acceso, clima, rutas estado de las mismas, tiempos de recorrido, autoridades en la zona, centros médicos, ultimas actividades delincuenciales y en general toda la información que aporte para el planeamiento y ejecución segura del desplazamiento.

RADIO COMUMUNICACIONES

Radio comunicación es la transmisión de señales electromagnéticas, a través delespacio, entre dos o más sitios. Los pasos usados en estas comunicaciones, se denominan circuitos de radio., y son los que conectan, de una manera efectiva, alos correspondientes.

RIESGO

Se define la probabilidad de que suceda un evento adverso que genere un problema o daño. Evaluar los posibles riesgos y determinar la mejor manera.

RIESGO CALCULADO.

Es la determinación de la existencia del peligro, pero sin embargo se acepta la exposición al mismo por parte del personaje.

RIESGOS ECONÓMICOS EMPRESARIALES

Inherentes a la actividad de la empresa, que busca a cambio de asumir el riesgo obtener beneficio.

SABOTAJE

Se denomina Sabotaje al daño que se pueda ocasionarse en forma premeditada a una empresa, destruyendo o dañando, maquina, vehículo, materia prima, documentación.

SECUESTRO

Privar de la libertad a un individuo, retener u ocultar a una persona con el propósito de exigir por su libertad un provecho o cualquier utilidad o, con otros fines cualquiera que estos sean.

SUJETO

Es la persona, lugar o domicilio que se encuentra bajo vigilancia.

SEGURIDAD

Seguridad es el conjunto de normas preventivas y operativas, con apoyo de procedimientos, programas, sistemas, y equipos de seguridad y protección, orientados a neutralizar, minimizar y controlar los efectos de actos ilícitos o situaciones de emergencia, que afecten y lesionen a las personas y los bienes que estas poseen .Estado ideal en que se encuentran los bienes.

SEGURIDAD FÍSICA

Se encamina a los procesos de seguridad física, instalaciones, medios y medidas de control para la mejora de los procesos de seguridad en instalaciones.

ORGANIZACIÓN

Cada grupo humano para lograr sus objetivos, debe estructurarse, debe definir qué tareas le corresponden a cada uno, eso es organizarse, es ver cómo hacerlo.

ORGANIZACION DE UN EQUIPO DE ESCOLTA

Es la distribución adecuada del personal y los medios, para alcanzar un objetivo o la misión encomendada.

OBSTRUCCIÓN

Es un proceso social en el que cada una de las personas o grupos contrarios tratan de impedir que la otra logre sus objetivos, sea que ella misma desee obtenerlo o no.

PERIMETRO

Es el nivel de Protección Volumétrico, se describe los límites del sitio y consta de los siguientes puntos.

PODER

Facultad de imponerse ante el resto sin que

necesariamente se tenga un título o cargo formal y, por otra parte, a quien no se tiene la obligación de obedecerle. Sin embargo, la persona que posee poder ejercer influencia, logrando con ello sus objetivos personales o del organismo, al cual, represente.

VEHÍCULO ESCOLTA

Este es el vehículo que transporta al equipo de protección (escoltas).

El vehículo va inmediatamente detrás del vehículo del dignatario.

VEHICULO DE APOYO

Vehículo conducido por personal de escoltas, que viaja generalmente detrás del Vehículo donde se transporta el directivo (ocasionalmente y cuando la situación lo requiera, puede Ubicarse adelante), y el cual tiene la misión de neutralizar, prevenir o repeler cualquier tipo de amenaza o Situación que se presente, que pueda afectar la integridad física o la tranquilidad del directivo.

VULNERABILIDAD

Debilidad estructural. Permite que otros nos ataquen para hacer un daño. Pueden ser: físicas

TECNOLOGIA DE PREVENCION

La tecnología va de la mano de la seguridad, utilice cámaras, video-cámaras, grabadoras, celulares, binóculos, radios y todos los elementos que tenga a su alcance para detectar, prevenir y controlar las amenazas.

TERRORISMO

Es un medio de lucha armada, que utiliza el TERROR de la gente como instrumento. La palabra TERRORISTA se deriva del verbo latino TERRERE. Hay otras definiciones dentro de las múltiples definiciones que le han dado al TERRORISMO: Es el uso de la amenaza de violencia que es propuesta por un grupo determinado de individuos, grupos organizados, bandas de delincuentes, con fines políticos, económicos, psicológicos y, dirigidos a crear temor o desconfianza e intimidar a la autoridad, a la población o a grupos de carácter económico.

TOMA DE DECISION

De acuerdo al análisis realizado a la información determinan que paso seguir o cambiar de objetivo, viene la toma de la decisión.

BIBLIOGRAFÍA.

-Sosa González Rafael Darío- Manual Básico del Escolta.2007

-Sosa González Rafael Darío-Manual del Escolta Avanzado.2007

-Sosa González Rafael Darío-Manual de Secuestro.2021

-Sosa González Rafael Darío-Manual Autoprotección Escolta.2007

-Sosa González Rafael Darío-Manual Manejo Defensivo.2012

-Sosa González Rafael Darío- Manual Protección a Dignatarios. 2021

-Sosa González Rafael Darío-Manual Reentrenamiento de Escoltas.2020

-Sosa González Rafael Darío-Manual de Vigilancia y Contravigilancia.2017

-Sosa González Rafael Darío-Manual de Contravigilancia.2022

-Sosa González Rafael Darío- Manual Secuestro.2022

-Sosa González Rafael Darío-Manual del Escolta Preavanzado 2022

-Sosa González Rafael Darío-Manual del Director de Seguridad.2022

-Que es riesgo, Diccionario de la lengua castellana

- Errores y buenas prácticas de seguridad para directivos: securitas.es

- Seguridad para directivos: viajes y desplazamientos: securitas.es

- Cuáles son los sistemas de seguridad para empresas: lage.com.mx

- Recomendaciones para la Gestión de los Riesgos Extorsión y Secuestro: CME - Seguridad y Derechos Humanos.

ENLACES

-Que es prevención
Fuente: https://concepto.de/prevencion/#ixzz7nMBb6 HmF

-Principales Funciones y Responsabilidades
http://www.andino.com.pe/

- DepartamentodeSeguridad:http://diccionario.se nsagent.com/departamento%20administrativo% 20de%20seguridad/es-es/

-. Como utilizar la mediación para resolver conflictos en las organizaciones .Barcelona : Acland. (1993)Paldos .

-Trabajo en Equipo-
https://www.monografias.com/trabajos10/tequip/tequi p

- https://www.acmaseguridad.com.co/funciones-delos-escoltas-de-seguridad/

- https://www.seguridadsuperior.com.co/estudio-de-seguridad

ACERCA DEL AUTOR

RAFAEL DARIO SOSA GONZALEZ

Oficial de la reserva activa del Ejercito Nacional. De COLOMBIA.

Después de su retiro ha desempeñado los siguientes cargos: director de Seguridad en Servicios (INDUSTRIAS ARETAMA Ltda.). Jefe de Seguridad (COLTANQUES Ltda.). Director Operaciones (MEGASEGURIDAD LA PROVEEDORA Ltda.) Gerente (Propietario) ESCUELA NACIONAL DE VIGILANTES Y ESCOLTAS (ESNAVI LTDA.), Coordinador Proyecto Seguridad Aeronáutica (COSERVICREA Ltda.), Coordinador de Seguridad Proyecto Aeronáutica (COLVISEG Ltda.).

En el área de la docencia: se ha desempeñado como Docente en el Instituto de seguridad Latinoamericana (INSELA Ltda.) Docente de la Escuela Colombiana de Seguridad (ECOSEP Ltda.) Como Consultor Seguridad, Asesoró en Seguridad en Empresas como: ADRIH LTDA, POLLO FIESTA Ltda., SEGURIDAD ATLAS Y TRANSPORTE DE VALORES ATLAS Ltda., SEGURIDAD SOVIP Ltda.

Entre los estudios realizados: Diplomado en

341

Administración de La Seguridad (UNIVERSIDAD MILITAR NVA GRANADA), Diplomado en Seguridad Empresarial (UNIVERSIDAD SAN MARTIN-ACORE):Diplomado Sociología para la Paz, Derechos Humanos, negociación y Resolución de Conflictos (CIDE-CRUZ ROJA COLOMBIANA-ACORE) Diplomado en Gestión de la Seguridad (FESC-ESNAVI Ltda.) ,Programa maestro en Seguridad y Salud Ocupacional(CONSEJO COLOMBIANO DE SEGURIDAD), Liderazgo Estratégico en Dirección , Gerencia Estratégica en Servicio al Cliente(SENA) , Curso Seguridad Empresarial (ESCUELA DE INTELIGENCIA Y CONTRAINTELIGENCIA BG. CHARRY SOLANO), curso de Seguridad Electrónica básico (A1A), Curso Analista de Poligrafía (Pfisiólogo Poligrafista) Poligrafía Basic Voice Store Análisis (DIOGENES COMPANY), entre otros.

Adicionalmente se encuentra desarrollando Programa de entrenamiento para-COACHES en INTERNACIONAL COACHING GROUP (ICG) Y DIPLOMADO PARA COACHING CRISTIANO (METODO CC).

Propietario de la Empresa Security Works www.sewogroup.com. Empresa al servicio de la seguridad y vigilancia privada en Latinoamérica. Actualmente se desempeña como director general SECURITY WORK

S.A.S.

AUTOR: 20 Libros Colección de Seguridad entre otros Vigilancia Básico, Avanzada. Escolta Básico, Manual de Manejo Defensivo, Manual de Medios Tecnológicos, Manual Prevención Secuestro, Manual del Supervisor. Impresos con la Casa Editorial Security Works de Venta en todos los Países de Habla Hispana.

LOS TITULOS DE LA COLECCIÓN SEGURIDAD PRIVADA

La colección Seguridad dirigida a profesionales de Latinoamérica, Europa, Israel, etc.

PUBLICADOS

01. Manual Para la Vigilancia Privada Básico.
02. Manual Para la Vigilancia Privada Avanzado.
03. Manual Básico del Supervisor de la Vigilancia.
04. Manual Básico del Escolta Privado.
05. Manual Avanzado del Escolta Privado
06. Manual Seguridad Medios Tecnológicos
07. Manual de Manejo Defensivo.
08. Manual de Vigilancia y Contra vigilancia.
09. Manual de Antiterrorismo.
10. Manual de Seguridad Aeronáutica.
11. Manual de Seguridad sin Recursos.
12. Manual de Seguridad Canina.
13. Manual de Seguridad residencial.
14. Manual de Autoprotección Secuestro
15. Manual de Seguridad Hotelera
16. Manual de Seguridad Hospitalaria
17. Manual de Seguridad Comercial
18. Manual de Seguridad Bancaria
19. Manual de Seguridad Empresarial
20. Manual del Directivo de Seguridad

Visite:

www.sewogroup.com

Representantes y Distribuidores

http:/amazon.com

Colección Seguridad Privada
Securityworks
Protección Integral

www.ingramcontent.com/pod-product-compliance
Lightning Source LLC
LaVergne TN
LVHW051429050326
832903LV00030BD/2986